여자의
성은
뭐지 **?**

제1판

여자의
성은
뭐지?

What is woman's gender
or last name?

법학박사 이기수 지음

도서출판 다옴

| 감사의 글 |

이 책은 주변 분들의 큰 관심과 도움으로 진행되었기에 약소하지만 지면을 빌어 깊은 감사의 마음을 전하고자 합니다.

먼저, 저를 천생아재필유용(天生我材必有用)이 될 수 있도록 만들어 주셔서 결초보은(結草報恩)해야 할 김상겸 지도 교수님께 진심으로 깊은 감사의 마음을 올립니다. 또한, 천재일우(千載一遇)로 제 인생의 초석을 다져 길잡이가 되어 주고 계신 최성호 교수님……. 난망지은(難忘之恩) 이상으로 고개 숙여 감사의 마음을 올립니다. 두 교수님은 제게 영원히 잊지 못할 추억으로 남아 앞으로 살아가면서 큰 힘이 될 것입니다.

더불어 전공을 살려서 비상(飛上)할 수 있도록 신경 써 주시고 완성본이 나올 수 있도록 꼼꼼히 지도해 주신 백승흠 교수님, 마지막까지 완성본의 끈을 놓지 않게 조언해 주시고 섬세하게 지도해 주신 이준복 교수님, 민법과 헌법이 잘 조화될 수 있도록 세심하게 지도해 주신 고인석 교수님, 모두 손순 매아(孫順埋兒) 심정으로 평생 잊지 못할 것입니다. 또한, 따뜻한 위로와 격려로 늘 관심 보내주신 조성혜 교수님, 학술지 게재에 도움 주신 동국대 비교법 연구원 최봉석 교수님, 부동산법 자문에 도움을 주신 조현진 선생님과 고제헌 선생님, 완성본이 진행되는 처음부터 끝까지 세심하게 편집해 주시고 곁에서 지지해 주신 김윤정 선생님께도 깊은 감사의 마음을 전합니다.

아울러, 처음부터 끝까지 아픈 상처를 곁에서 지켜봐 주신 최우영 의원님과 사모님, 법무법인 정론 대표님으로 배움의 기회를 배려해 주신 김용균 변호사님과 박정호 변호사님, 법무법인 위너스 대표님이신 이마리 변호사님께도 깊은 감사와 책이 출간되도록 도움을 주신 류안나 박사님, 장병수 박사님, 효성프린원 정백현 이사님께 감사의 마음을 전합니다. 그리고 양평전자과학고등학교 홍충복 교장선생님, 최종훈 교감선생님, 학생인권부 이훈구 부장선생님, 교육연구부 홍미령 부장선생님, 교무기획부 박종교 부장선생님, 교육과정부 조재영 부장선생님, 교육연구부 정영수 선생님의 은혜 깊은 배려에 감사합니다. 또한 마음이 따뜻하고 배려가 깊은 정미영, 막역지우(莫逆之友) 오창호, 고동희 친구에게도 고마운 마음을 전합니다.

마지막으로, 제가 이 길을 갈 수밖에 없도록 동기 부여가 된 준석 엄마 고맙고, 준석이의 양육을 모두 도맡아 하시며 아들 잘 되라고 힘써 주신 어머니, 진심으로 사랑합니다. 준석이의 엄마 역할을 대신하는 나의 동생, 지수도 너무 고맙습니다. 무엇보다 결정적인 이 책의 주제에 관심을 갖게 해 준 나의 보물 같은 아들 준석이……, 늘 엄마 없이 아빠, 할머니, 고모만 있어도 밝고 맑게 자라 준 아들에게 아빠는 늘 고맙습니다. 이 다음에 커서 우리 아들이 어른으로 성장했을 때, 지금의 상황을 이해할 수 있는 마음이 열리게 될 것이라 믿습니다. 지금까지 저는 제 아들 준석이와 함께 있는 것만으로도 용기를 얻어 힘든 순간을 이겨낼 수 있었습니다. 이 책이 완성되기까지 다사다난(多事多難)했던 한 해를 무사히 지나올 수 있도록 해 주신 모든 분들께 다시 한 번 깊이 감사드립니다.

2018년 4월에

이기수 배

목차

머리말

    우리나라의 성씨 제도와 관련된 논의는 각종 법률상의 차등적 규정과 사회적, 도덕적 의식을 반영하지 않은 경우가 많아 개정에 대한 요구가 꾸준히 제기되어 왔다.

    이에 본 연구는 헌법 제11조 및 제36조를 바탕으로 한 성씨 제도의 개선을 위한 연구로, 우리나라 성씨 제도의 법적 근거와 외국의 성씨 제도의 양성평등에 대한 법률을 비교 분석하어 성씨 제도의 특징과 법률적인 문제점을 파악하고 성씨 제도의 개선 방안을 연구하는데 목적이 있다.

    선행 연구로는 우리나라와 외국의 성씨 제도에 관한 법적 근거를 양성평등을 중심으로 비교 · 고찰하였다.

    비교법적 측면에서 개인 표식의 의미를 중시하고 양성평등에 근거해서 가족의 자율적 합의를 존중하는 방향으로 가족 제도 및 성씨 제도가 변화하고 있음을 알 수 있다.

법 제도상 성씨 제도의 양성평등에 대한 관점에서는 민법 제781조 제1항의 부성주의가 헌법 제11조 및 제36조 제1항의 개인의 존엄성과 양성평등에 위배됨을 예를 들어 살펴보고 양성평등에 근거한 성씨 제도의 변화를 논의한다.

양성평등 관점에서 본 성씨 변경에서 자의 권리에서는 헌법과 국제 협약법에서의 아동 권리 협약에 근거해 논의하면서 자의 의사가 반영될 수 있도록 자의 권리가 보장되는 입법적인 대책이 필요함을 제기하였다.

결론적으로 완전한 양성평등을 바탕으로 한 성씨 제도는 전통적인 부계 혈통주의보다 개인적 권리성을 중시하는 방향으로 변화되어야 하며, 민법상 완전한 양성평등이 될 수 있도록 기여하고, 자의 권리가 적극적으로 실현 될 수 있도록 민법 내 가족법을 분리해야 한다.[01] 또한 헌법 제11조 및 제36조 제1항을 바탕으로, 민법 제781조 제1항,

---

01　본 연구자는 다음과 같이 민법 제781조 제1항 및 제6항에 대하여 개정하였으면 한다.
　　현행 민법 제781조 ① 자는 부의 성과 본을 따른다. 다만, 부모가 혼인 신고 시 모의 성과 본을 따르기로 협의한 경우에는 모의 성과 본을 따른다. ⑥ 자의 복리를 위하여 자의 성과 본을 변경할 필요가 있을 때에는 부모 또는 자의 청구에 의하여 법원의 허가를 받아 이를 변경 할 수 있다. 다만 자가 미성년자이고 법정 대리인이 청구할 수 없는 경우에는 제777조의 규정에 따른 친족 또는 검사가 청구할 수 있다.
　　본 연구자의 개정안 민법 제781조 ① 혼인 신고에 의해 출생한 자는 부 또는 모의 협의한 성과 본을 따른다. ⑥ 자의 성과 본은 부모 또는 자의 청구에 의하여 법원의 허가를 받아 이를 변경할 수 있다. 다만, 법원은 자의 연령, 성숙도 및 그의 의사, 자의 양육 상황, 자의 성과 본의 변경 횟수, 자의 정서적 안정 등에 비추어 그 성과 본을 변경으로 인해 자의 복리를 해할 우려가 있는 경우에는 그 청구를 기각할 수 있다.

제6항 및 친양자 제도는 부성주의 및 부계 혈통의 완전한 양성평등이 될 수 있는 법률 개정과 자의 성씨 변경 시, 자의 복리를 위한 의사 표명권이 효과적으로 반영될 수 있는 입법적 보완이 필요하다.

주제어 : 부계 혈통, 양성평등, 헌법 제36조, 민법 제781조, 성씨 제도

제1장

서론

제1절 연구의 목적

　헌법재판소(이하 '헌재'라 한다)는 다양한 사례를 통하여 양성평등의 헌법 이념이 법 전체 영역에 관철되어야 함을 꾸준히 강조면서 부성주의에 입각해 남성인 부의 권위를 인정하는 다양한 법 규정에 대하여 헌법에서 평등을 명하는 헌법 제36조 제1항에 반하는 문제로 보고 엄중한 기준을 적용하여 제11조의 평등권 및 제10조에서 도출되는 인격권과 자기 결정권의 위헌 여부를 판단해 왔다.

　헌재는 법체계 내에서 대표적으로 부성주의가 반영된 민법상 동성동본 금혼제와 호주제, 국적법상 부성주의에 따른 국적 취득, 형법상 혼인 빙자 간음죄 등의 규정들에 대하여 위헌 또는 헌법 불합치 결정을 내림으로써 양성평등의 이념이 전체 법 영역에서 실현되는데 일조를 하고 있다. 특히 호주제 헌법 불합치 결정에서 헌재는 헌법이 최고의 법 규범이므로 성씨 제도가 비록 역사적 · 사회적 산물이라는 특성을 지니고 있다 하더라도 헌법의 우위로부터 벗어날 수 없고 성씨 제도가 헌법 이념의 실현에 장애를 초래하고, 헌법 규범과 현실과의 괴리를 고착시키는데 일조하고 있다면, 성씨 제도는 수정되어야 한다는 점을 명백히 밝히고 있다. 특히 헌법상 선언된 혼인의 남녀평등권을 봉건적 가부장적 혼인 질서를 더 이상 용인하지 않는 헌법적 결단의 표현으로 보고 있으므로, 현행 헌법에 이르러 양성평등과 개인의 존엄은 성씨 제도에 관한 최고의 가치 규범으로 확고히 자리 잡아야 한다.

그러나 헌재는 부성주의 원칙의 위헌 여부에 대해서는 다른 견해를 보였다. 부성주의 원칙이 양계(養繼) 혈통을 모두 성으로 반영하기 곤란한 점, 부 성의 사용에 관한 사회 일반의 의식, 성의 사용이 개인의 구체적인 권리 의무에 영향을 미치지 않는 점 등을 고려할 때 입법 형성의 한계를 벗어난 것으로 볼 수 없다고 보면 합헌이라고 하고 있다. 단지 예외적인 상황에서도 부성주의만을 정하고 있기 때문에 위헌이라는 것이며 헌법 불합치 결정을 내리고 있는 것이다. 그러나 부성주의 원칙은 가(家)에서 정당한 목적 없이 모를 차별하고 있어, 헌법 제36조 제1항에 위반된다. 그리고 성별은 자가 부 성을 이어받는 유일한 근거가 성별이므로 성별에 따른 차별을 금지하고 있는 헌법 제11조에 반하며, 헌법 제10조에서 보장하는 자와 부모의 인격권과 일반적 행동 자유권에서 도출되는 부모의 자녀 성 결정권을 침해한다.

개정된 민법 제781조 제1항의 부성주의 원칙을 취하면서도 예외적으로 혼인 신고 시 부모가 협의한 경우 모의 성을 자의 성으로 삼을 수 있고, 또 자녀의 복리를 위한 성 변경이 허용되므로 차별 등의 문제가 해소되었다는 주장이 있다. 그러나 민법 제781조 제1항의 부성주의 원칙을 유지하면서 단서로 혼인 신고 시 자녀의 성에 대한 결정을 하도록 하는 것은 헌법 제36조 제1항에서 도출되는 완전한 양성평등을 침해한다고 볼 수 있다. 또한 민법 제781조 제1항에 의해 출산 후 자가 부의 성을 자동적으로 물려받게 되므로 자녀 성에 대한 민법 제781조 제1항의 단서를 통해 여성 및 모에 대한 차별이 해소되었다고는 볼 수 없으며, 이는 차별 논의를 피하기 위한 변칙적 규정이라고 할 수 있다.

위와 같이 민법상의 부성주의 원칙 규정과 그 예외 규정 모두가 헌법에 반하므로 이 책에서는 민주적이고 합리적인 방안을 모색하여 현행 성씨 제도의 개정과 함께 완진한 양성평등을 바로 세우고자 한다.

제2절 연구의 범위와 방법

I. 연구의 범위

헌법 제11조 및 제36조를 바탕으로 한 성씨 제도의 양성평등상 문제시되고 있는 부계 혈통주의에 따른 성씨 제도를 중심으로 고찰하고 양성평등에 기반을 둔 성씨 제도의 올바른 개정 방향에 대해 검토하고자 아래와 같이 5개의 장으로 구성한다.

제1장에서는 연구의 목적, 범위와 방법을 제시한다.

제2장에서는 우리나라의 성씨 제도의 개관 및 외국의 성씨 제도에 관한 비교법적 검토와 헌법에 근거한 양성평등을 바탕으로 민법의 성씨 제도에 대한 법적 근거를 파악하여, 전반적인 우리나라와 각국의 성씨 제도에 대한 양성평등의 차이에 따라 성씨 제도에 미친 영향을 살펴볼 것이다.

제3장에서는 부성주의로 인한 문제점이 민법 제781조 제1항의 개정, 위헌 법률 심판 제청을 바탕으로 한 인간의 존엄과 가치, 행복 추구권을 규정한 헌법 제10조, 그리고 개인의 존엄과 양성평등에 기초

한 혼인·가족생활을 규정한 헌법 제36조 제1항에 반하는지 살펴볼 것이다. 그리고 헌법상 양성평등 관점의 성씨 제도에 있어 양성평등을 중심으로 자의 권리를 검토하고 이를 위해 자의 기본권·주체성 및 행사 능력 그리고 성씨에 관한 자의 권리의 기본권성에 대해 논의할 것이다. 또한 자의 권리를 구체적으로 규정하고 있는 '아동의 권리에 대한 협약'을 분석하여 자의 권리 보장에 대한 근거를 마련하고, 성에 대한 자의 권리를 구체적으로 도출하면서 성씨 변경에 의한 양육 상태, 성씨에 대한 자의 권리의 문제점 및 해결 방안을 모색하여 우리나라 성씨 제도의 완전한 양성평등에 대해 접근해 나갈 것이다. 제4장에서는 헌법이 보장한 양성평등에 입각한 성씨 제도의 개선 방안을 우리 법 상황에 맞추어 분석한 뒤 민법의 성씨 제도에 있어 완전한 양성평등이 원만하게 반영될 수 있는 개정 방안에 대해서 제시할 것이다.

마지막으로 제5장에서는 지금까지의 논의를 요약하고, 완전한 양성평등에 의한 우리나라의 성씨 제도의 방향성을 제시할 것이다. 부계 혈통주의에서 개인의 권리를 중시하고, 민법상 가족 영역에 의한 자의 권리를 적극적으로 반영하는 방향으로 변화하면서 완전한 양성평등에 입각한 우리나라의 성씨 제도 개선 방안을 제안할 것이다.

II. 연구의 방법

우리나라의 성씨 제도를 연구하기 위하여 민법 제정 이후 성씨 제도의 개념에 대하여 종합적으로 파악하고 양성평등에 반하는 부성주의에 대한 성씨 제도를 중심으로 고찰한다. 또한 헌법을 기준으로 양성평등에 입각한 성씨 제도의 문제점과 개선 방안을 알아보고, 양성평등을 위한 성씨 제도가 될 수 있도록 고찰해 나갈 것이다.

연구 방법은 문헌 분석 연구 방법을 채택하였고 우리나라 성씨 제도의 법적 근거와 외국의 성씨 제도에 관한 국내외 문헌을 연구함으로써 우리 성씨 제도의 상황 및 외국 성씨 제도의 상황을 파악할 것이다.

둘째, 비교법적 측면의 고찰로 우리나라의 성씨 제도의 양성평등과 외국 성씨 제도의 양성평등에 대해 고찰하고, 각국의 성씨 제도가 우리나라 민법의 성씨 제도에 미친 영향과 법적 규정 방법에 대해 비교 · 검토하여, 현행 민법의 성씨 제도가 양성평등에 입각하여 자의 성씨 결정에 대한 규정을 올바르게 이해하고 있는지를 살펴볼 것이다.

셋째, 현행 민법상 성씨 제도가 헌법의 양성평등을 바탕으로 부부의 성씨 기능과 자의 성씨에 대해 법적으로 어떻게 규율하고 있는지를 비교 · 분석할 것이다. 이를 통해 우리의 성씨에 관한 제도의 특징을 보다 정확하게 파악하고, 우리 민법의 부성주의가 헌법을 바탕으로 한 성씨 제도로서 완전한 양성평등이 되도록 성씨 제도에 대한 개선 방향과 올바른 이해를 도출할 것이다.

결론적으로 현행 민법 제781조 제1항 및 제6항의 성씨 제도에 입각한 헌법의 양성평등을 바탕으로 다양한 문헌 분석 · 비교법적 · 법사회적 접근 방법을 통해 우리나라의 현행 민법상 성씨 제도를 헌법에 입각한 완전한 양성평등의 맥락에서 이해가 될 것이다.

제2장

성씨 제도의
개관

제1절 우리나라 성씨 제도

I. 개념

성씨[01] 제도는 원칙적으로 혈연관계를 기초로 특정한 인물을 시조로 삼아 대대로 그리고 순차적으로 이어진다. 여기서 성(姓)은 혈통을 나타내는 호칭으로, 집안을 나타내는 씨(氏)와는 구분되며, 인류가 혈통의 계승을 확인하고 그 종족의 혈연 계통을 식별하기 위한 부호이다. 성(姓)이라는 문자는 여(女)와 생(生)의 결합으로 여자가 아이를 낳는 것을 말한다.[02] 물론 성의 개념은 나라마다 혹은 그 문화 패턴에 따라 약간 다르긴 하나, 성(姓)은 기원적으로 오래되었으며 같은 핏줄 같은 조상의 개념[同血同祖]으로 나타난다.

우리나라의 경우, 성씨는 남계의 혈족을 나타내는 칭호로서 소속

---

01 성(姓)을 높여 이르는 말(국립국어원, 표준국어대사전); 성(姓)은 성씨(姓氏)라고도 하며 씨(氏)는 같은 성(姓)의 계통(繼統)을 표시(標示)하는 것으로 성(姓)과 씨(氏)가 역사적으로 또는 개념적으로 구별된다 하더라도 우리 민법은 성(姓)과 씨(氏)를 구별하고 있지는 않다(손현경, 한국가족법상의 성씨에 관한 연구, 부산대학교 대학원 박사학위논문, 1996, 11면); 이에 본 연구에서는 연구 대상인 성씨(姓氏)를 논의함에 있어 성(姓)과 본(本) 또는 성(姓)의 개념을 포함하는 것으로 본다.

02 김재국, "현대 여성의 성씨에 관한 권리", 「민사법연구」 제8권, 대한민사법학회, 2000, 84~85면.

가정이 바뀌어도 본인의 성은 바뀌지 않는 것이 원칙이었다.[03] 이러한 부계(父系) 혈통적 성씨 제도는 오랜 세월 동안 관습으로 확고하게 자리 잡고 있었으며, 자녀가 부(父)의 성(姓)을 승계하는 부성주의(父姓主義) 또는 부자 동성(父子同姓)으로 어떠한 경우에도 성은 바꿀 수 없는 것으로 구현되었다.[04] 역사적으로 보면 한국인에 있어서 성은 부계 혈통을 표시하는 표지임과 동시에 유교적 생활화에 따라 불변성을 띠는 것이 되었고, 이에 따라 성을 변경한다고 하는 것은 천지와 음양이 전도되는 것으로 인식되어 왔다. 즉 성은 그 사람이 태어난 부계 혈통의 표지이기 때문에, 그 사람의 신분이나 호적에 변동이 생겨도 혈통이 변하는 것은 아니므로 일생 동안 바꾸지 못하는 것이 우리나라 현 주소[古來]의 관습법이었다.[05]

대체로 성 불변 원칙의 근대적 의의는 국가 기능이 복잡해짐에 따라 국민 등록의 증대와 징병 제도의 확립에 수반하는 혼란과 기피를 막고자 하는데 있지만, 우리나라는 그러한 근대적, 행정적 의의에 앞서 부권 부계적 가족 제도에서 유래하는 가계성 · 혈통성 · 역사성이

---

03 손대준, "한국과 일본의 성씨에 대하여", 「시민인문학」 제3권, 경기대학교 인문과학연구소, 1996, 109–110면.

04 김병두, "자의 성 취득과 그 변경—개정 민법 제781조와 관련하여", 「법학연구」 제14권 제2호, 경상대학교 법학연구소, 2006, 68면.

05 황근수, "가족법 개정의 내용과 향후의 전망", 「민사법연구」 제15권 제1호, 2007, 335–336면.

성 불변에 대한 관습 내지 법적 의식을 유지시켜 왔다.[06]

II. 민법 제정 이후

대한민국 여성의 법률상 지위는 개국 이래 급속히 상승해 왔다. 해방 이후 대한민국은 경제 발전과 더불어 여성의 열악한 지위에 관심을 갖게 되었고, 이를 극복하기 위한 노력들이 다각도에서 진행되었다. 특히 여성 운동가를 중심으로 남성 중심적인 전통 사상으로부터 탈피하고 서구의 페미니즘 사상을 받아들여 양성 불평등의 상황을 개선시켜 보려는 노력이 두드러졌고, 이와 관련된 법 제도를 체계화함으로써 여성의 권익을 향상시키려 노력하였고, 이러한 노력은 많은 분야에서 실현되었다.

민법이 개정을 거듭하면서 호주제 폐지, 여성의 재산 분할 청구권 인정 등 많은 부분에서 양성평등을 이루어 낸 이후, 2000년대 들어서 민법의 부성주의 부분이 사회 구성원들 사이에서 헌법의 양성평등 조항에 반하는 것인지 여부가 중요한 쟁점으로 떠올랐다. 그리고 페미니스트들은 부와 모의 유전자를 동등하게 받은 자녀들이 부

---

06 김용한, 「신판 친족 상속법론」, 박영사, 2002, 65~66면.

의 성을 쓰도록 하는 것은 부계 중심 사회의 잔재라고 비판하였다. 즉 부부가 가족 내 동등한 위치임에도 불구하고, 혼인과 가족생활에 있어 개인의 성을 어떻게 결정하고 사용할 것인지를 국가가 일방적으로 부 성(父姓)의 사용을 강제하고 있기 때문에 불평등하다는 주장을 제기했다. 이는 양성평등한 가족과 부부의 동등성을 근거로 주장되었으나 사실은 재혼 가족의 자녀들의 사회적 문제를 해결하려는 측면에서 힘을 얻기 시작하였고, 이혼과 재혼이 늘어나면서 재혼 가정, 이혼 가정, 입양 가정, 미혼모가 자를 양육하는 가정 등에서 자의 성 문제(姓問題)가 심각하게 대두되었다. 즉 결혼에 대한 개인의 선택권이 넓어지면서 이혼 후 또는 미혼모인 모가 자녀를 혼자 양육하다가 재혼하는 경우가 늘어나고, 같이 사는 계부와 성이 달라 재혼 가족의 자녀라는 사생활이 그대로 드러나게 되어, 차별 받는 자녀들의 문제가 사회 문제로 나타나게 된 것이다. 민법 제781조 제1항의 부성주의 및 성 불변의 원칙으로 재혼과 입양을 통하여 형성된 가정의 자녀들이 심리적 고통을 겪으며 건전한 성장 및 발육에 방해 받게 되자, 성을 변경할 수 있도록 해 달라는 청원이 여기저기에서 쏟아졌다.[07] 자녀의 성에 관해 관심을 가진 대부분의 사람들은 양성평등한

---

07 김성은, "젠더 관점에서 본 자의 성·본 변경 허가의 판단 기준", 「법학연구」 제58권, 한국법학회, 2015, 303면; 김병두, 앞의 논문, 68면; 김유경, "자의 성과 본 변경 허가 심판의 판단 기준", 「이화젠더법학」 제4

가족 제도에 관심을 갖기보다 재혼 가족 내 자녀들이 실제로 부의 역할을 하고 있는 계부와 성이 달라 고통을 받는 경우의 문제를 성씨 변경을 허용하는 법 제도의 개정으로 해결하려 하였다. 즉 성씨 제도에 대한 처음 논의는 양성평등의 관점에서 시작되었으나, 시간이 지날수록 모의 재혼으로 인한 재혼 가족의 자녀들이 받는 사회적 편견에서 벗어날 수 있도록 계부의 성을 사용할 수 있게 해 달라는 것이 주를 이루었고, 이를 위한 정당성의 근거로 헌법 제11조와 헌법 제36조를 기초로 한 민법 제781조 제1항의 완전한 양성평등이 될 수 있도록 지금까지 논의가 진행 중에 있다.

III. 성씨 제도의 법적 근거

1. 헌법적 근거

전통적인 가족 제도의 부계 혈통주의에 입각한 성씨 제도는 개인의 존엄과 양성의 평등에 입각하지 않으며 헌법의 이념과 원칙에 반하므로 현대 사회에서는 더 이상 용납될 수 없다. 헌재는 민법과 국

권 제2호, 이화여자대학교 젠더법학연구소, 2012, 213-214면.

적법에 고착된 가부장적 부계 혈통주의에 입각하여 남성인 부의 우위를 인정하는 법 규정은 집안에서의 양성평등을 요구하는 헌법 제36조 제1항에 반하며 성에 따른 차별이므로 제11조의 평등권을 침해한다고 보아 엄격한 심사 기준을 적용함으로써 집안의 영역에서도 남녀의 평등이 그 기반이 되어야 한다는 점을 분명하게 밝히고 있다. 특히 호주제 헌법 불합치 결정에서는 헌법이 최고의 법 규범이므로 성씨 제도가 비록 역사적·사회적 산물이라는 특성을 지니고 있을지라도 헌법의 우위로부터 벗어날 수 없고, 성씨 제도가 헌법 이념의 실현에 장애를 초래하고 헌법 규범과 현실과의 괴리를 고착시키는데 일조하고 있다면 민법 제781조 제1항의 부성주의는 수정되어야 한다는 점을 명백히 밝히고 있다. 특히, 헌법상 선언된 혼인의 남녀동권을 가부장적 혼인 질서가 더 이상 용인되지 않는 헌법적 결단으로 보고 현행 헌법상 양성평등과 개인의 존엄성은 성씨 제도에 관한 최고의 가치 규범으로 확고히 자리 잡기에는 여전히 미흡하다는 평이다. 이에 헌법 제36조 제1항이 헌재에 의해 지난 전통적 부계 혈통과 관련하여 개혁이 이루어졌는데 그 내용은 아래와 같다

첫째, 동성동본 금혼 제도의 위헌성이다. 헌재는 '동성동본 금혼 제도가 인간으로서의 존엄과 가치 및 행복 추구권'을 규정한 헌법 이념 및 '개인의 존엄과 양성의 평등'에 기초한 혼인과 가족생활의 성립·

유지라는 헌법 규정에 정면으로 배치될 뿐 아니라 남계 혈족에만 한정하여 성별에 의한 차별을 하는 것은 헌법상의 평등의 원칙에 위반되며, 이는 또한 혼인에 관한 국민의 자유와 권리를 제한할 '사회 질서'나 '공공복리'에 해당될 수 없다는 입법 목적에서 봤을 때 헌법 제37조 제2항에도 위반된다[08]고 판단하였다.

둘째, 구 국적법의 위헌성이다. 헌재는 출생에 의한 국적 취득에 있어 부계 혈통주의를 규정한 구 국적법 제2조가 헌법상 평등의 원칙에 위배된다고 보고 부계 혈통주의에 따른 자의 국적 취득의 위헌 여부를 판단하였다. 그러나 법의 공백으로 인한 사회적 혼란을 우려하여 헌법 불합치 결정을 하였고 그렇게 부 성 혈통주의(父姓血統主義) 원칙을 채택한 구 법 조항은 출생 당시 자녀의 국적을 부의 국적에만 맞추고 모의 국적은 단지 보충적인 의미만 부여하는 차별을 하고 있다. 따라서 한국인 부와 외국인 모 사이의 자녀와 한국인 모와 외국인 부 사이의 자녀를 차별 취급하는 것은 모가 한국인인 자녀와 그 모에게 불리한 영향을 끼치므로 헌법 제11조 제1항의 남녀평등 원칙에 어긋나며 헌법 제36조 제1항이 규정한 '가족생활에 있어서의 양성의 평등 원칙'에 위배된다. 즉 구 법 조항은 자녀의 입장에서 볼

08　동성동본 금혼 헌법 불합치 결정. 헌법재판소 1997. 7. 6. 선고 95헌가6 내지 13(병합) 전원재판부: 민법 제809조 제1항 위헌 제청.

때 한국인 모의 자녀가 한국인 부의 자녀와 비교하여 현저히 차별 취급을 받고 있으므로 헌법상의 평등 원칙에 위배되는 것이다.

셋째, 호주제의 위헌성이다. 헌재는 호주제가 성 역할에 관한 고정 관념에 기초한 차별로서, 호주 승계 순위, 혼인 시 신분 관계 형성, 자녀의 신분 관계 형성에 있어서 정당한 이유 없이 남녀를 차별하는 제도라고 보았다. 호주제는 당사자의 의사나 복리와 무관하게 남계 혈통 중심의 가(家)의 유지와 계승이라는 관념에 뿌리박은 특정한 가족 관계의 형태를 일방적으로 규정·강요함으로써 개인을 가족 내에서 존엄한 인격체로 존중하는 것이 아니라 가의 유지와 계승을 위한 도구적 존재로 취급하고 있는데, 이는 혼인·가족생활을 어떻게 꾸려 나갈 것인지에 관한 개인과 가족의 자율적 결정권을 존중하라는 헌법 제36조 제1항에 부합하지 않는 제도라는 것이다. 더 이상 변화된 사회 환경 및 가족 관계와 조화되기 어렵고 오히려 현실적 가족 공동체를 질곡하기도 하는 호주제를 존치할 이유가 없다고 판단했다.

2. 민법적 근거

헌재는 일방적으로 부의 성을 사용할 것을 강제하면서 모의 성의 사용을 허용하지 않는 것은 개인의 존엄과 양성의 평등을 침해하고, 가족 관계의 변동과 새로운 가족 관계의 형성에 있어 구체적인 사정들에 따라 양부 또는 계부 성으로의 변경이 개인의 인격적 이익과 매우 밀접한 관계를 가짐에도 부 성의 사용만을 강요하여 성의 변경을 허용하지 않는 것은 개인의 인격권을 침해한다는 결정을 내렸고, 그 후 민법은 개정되었다. 이에 현행 민법 제781조 제1항에서는 자는 부의 성과 본을 따른다고 하여 부성주의 원칙을 규정하고 예외적으로 부모가 혼인 신고 시 모의 성과 본을 따르기로 협의한 경우에는 모의 성과 본을 따를 수 있도록 하고 있다. 또한 제6항에서는 자의 복리를 위하여 성과 본을 변경할 수 있는 규정을 마련하고 있다. 그러나 여전히 부성주의를 원칙으로 하고 있다는 점은 다음과 같은 측면에서 위헌으로 볼 수 있는 소지가 있다.

첫째, 부성주의는 헌법 제36조 제1항에서 규정하는 양성이 평등한 혼인과 가족생활에 어긋난다. 헌법 불합치 결정에서 부성주의에 대하여 합헌이라고 결정한 다수는 부성주익를 가족 내 부와 모의 평등권 침해 문제로 인식하고 있지 못하면서 부성주의로 인해 특별히 침해되는 기본권이 없다고 보았다. 그러나 부계 혈통주의에 입각한 부성주의는 가족 내에서 모가 부계의 혈통을 계승할 수 있는 자녀의 생산 기능을 가지는 부차적 지위에 머무르게 하므로 헌법 제36조 제1항의 평등권이 침해되는 문제로 볼 수 있다. 또한 부 성의 사용을 통해 동일한 성을 사용하는 부계의 혈연 집단 구성원들 상호 간의 혈연적 일체감과 귀속감에서 모는 가족 내에서 소외된다. 따라서 부성주의는 산업화, 도시화와 함께 가의 존엄과 혈통의 계승이 아니라 개인의 존엄과 평등을 기반으로 하는 현대 사회의 가족 내에서 더 이상 적합한 목적을 찾아 볼 수가 없다.

둘째, 대부분의 사회 구성원들은 부성주의가 위헌임을 인식하는 분위기에 미치지 못한다. 헌재는 "개인의 자유와 남녀평등을 강조하는 오늘날에 있어서도 부의 성을 사용하는 것이 개인의 권리 의무에 직접적인 영향을 미치지는 않고 부의 성을 사용함으로 인한 구체적인 불이익이 문제 되지는 않으므로 대다수의 사회 구성원은 여전히 부성주의를 자연스러운 생활 양식으로 받아들이고 있는 것으로 보여진다.[09]"고 하면서 부성주의 원칙을 합헌으로 판단하였다. 그러나 부성주의에 대한 사회 구성원의 인식이 개인의 존엄과 양성평등에 기반을 둔 혼인과 가족생활에 위헌 소지가 있다고 고려되지는 않는다. 하지만 헌법재판소가 호주제 결정에서 판시한 것처럼, 헌법은 모든 국가 질서에 바탕이 되는 것이고 전통적인 성씨 제도라 할지라도 양

---

09 한국여성정책연구소가 2003년 11월 발표한 자녀 성 결정에 대한 설문 조사에 따르면 조사 대상자 6373명 중 부성주의 원칙이 불합리하다고 대답한 수가 4252명(61.9%), 부성주의는 당연하다고 대답한 수는 2621(38.1%)였다. 부성주의 원칙에 대한 대체 방안으로 부모가 협의하여 선택하여야 한다는 대답이 4336명 중 3261명(75.2%)로 부모의 성을 함께 사용해야 한다(817명 18.8%는 의견보다 높았다. 한국가정법률상담소 창립 57주년 기념 심포지엄, "양성평등 시대, 자녀의 성 결정에 부부 평등은 있는가", 2013. 11. 14. 자료집.

성이 평등한 성씨라고 하는 헌법적 이념과 상치되면 개정이 될 필요가 있다.

셋째, 부 성 혈통주의 원칙은 생물학적인 성을 유일한 기준으로 자녀에게 성을 물려주는 제도인데, 이는 자녀의 성 결정에서 여성과 남성을 달리 취급할 합리적인 아무런 이유가 없음에도 불구하고 성에 따른 차별을 하는 것으로서 헌법 제11조에 반한다. 따라서 부성주의는 합리적 근거 없이 성에 따라 여성을 차별하고, 그 결과 가족 내 여성의 지위를 남성에 비해 부차적이고 열등하게 한다.

넷째, 부성주의 원칙은 부부가 자율적으로 자녀의 성을 결정할 수 없게 만들기 때문에 헌법 제10조에서 보호되는 부보(副保)의 자녀의 성에 대한 결정권을 침해한다.

다섯째, 부성주의 원칙은 한 인격체로서의 자녀의 복리를 고려하지 않고 가의 구성원으로서의 자와 가의 계승을 위한 성의 계수를 규정하고 있으므로 헌법 제10조에서 보호하는 자의 인격권을 침해한다.

민법 제781조 제1항은 부성주의 원칙의 예외로 부모가 혼인 시 합의하면 자녀가 모 성을 쓸 수 있도록 함으로써 부성주의 원칙의 예외를 두고 있으나, 이 예외 규정은 부성주의 원칙의 위헌성을 치유하지 못할 뿐만 아니라 그 자체가 위헌의 소지를 갖고 있다. 다시 말해 혼인 시 자녀의 성을 결정하여 모 성을 자녀의 성으로 쓰게 하는 것은 현실성을 상실한 규정으로 부성주의의 위헌성을 위장하는 역할을 할 뿐이다. 혼인 시 남녀가 자녀의 성에 대한 합의를 하여 이를 신고하는 경우는 극히 예외적인 것으로 자녀의 성에 대한 남녀의 합의가 혼인 시 부존재하는 경우 부 성이 자녀의 성이 되기 때문에 현실에서 부성주의 원칙을 교정하는 역할을 전혀 하지 못한다. 또한 혼인을 앞둔 남녀가 자녀의 성을 결정하도록 강제한다면 이는 자유로운 혼인을 할 권리를 보장하는 헌법 제36조 제1항에 위반된다고 할 것이다.

제2절 외국의 성씨 제도

Ⅰ. 프랑스

프랑스 국립경제통제연구소(Insee)의 연구에 따르면 자녀에게 모의 성을 물려주는 부모는 전체의 6.5%에 불과한 것으로 나타났다. 프랑스에서는 2005년부터 법에 의해 자녀에게 어머니의 성을 부여할 수 있게 되었지만, 위의 6.5% 부모 가운데 90%는 출생 시 부가 자신의 혈연임을 인지하지 않은 경우로 실제 자유 의지로 모의 성을 선택한 이들은 전체 신생아의 0.65% 뿐이다.[10]

모의 성을 선택한 이유는, 자녀의 부모에게 성씨를 부여하는 일이 권력 다툼의 대상이 아니라는 것이다. 프랑스는 자녀가 먼저 누구의 성을 사용하는 것보다 가장 중요한 것은 자녀의 입장에서 자의 복지 차원에서 가치에 의미를 두고 있다.

프랑스는 양 성(兩姓)을 쓰기도 하는데 최근에는 실용적인 이유로

---

10 http://newspeppermint.com/2015/09/29/nom_matronyme.

많은 이들이 부모의 성씨를 모두 사용하는 '양 성 쓰기'를 사용하는 것[11]보다 자녀의 복리를 생각하는 입장이다.[12]

예로 프랑스의 리옹에 사는 연출가인 니콜라 G.(31)는 "우리의 자녀가 부모가 되었을 때 자신의 두 성 중 그들의 자녀가 어떤 성을 써야 하는지 고민하게 만들고 싶지 않다."고 한다.[13]

따라서 자녀의 성도 전통적으로 부의 성을 따르도록 함으로써 부성주의를 유지하고 있어 자녀는 부계 혈통주의에 따라 아버지의 성을 이어 받도록 되어 있었으나,[14] 양성평등의 원칙에 반한다는 비판이 제기되었고 그 결과 자녀의 성에 관한 법 규정이 새롭게 제정되었다. 개정법 제311조의 21에 따르면 부모가 협의하여 자녀의 성을 정한다.[15] 이때 부모는 부모의 성 가운데 하나를 자녀의 성으로 선택할 수 있으며, 부모의 성을 조합한 결합성을 자녀의 성으로 정할 수도 있다. 부모가 협의하여 자녀의 성을 결정하는 데 실패한 경우에는 부

---

11 여성신문, "프랑스 가족 성씨법 개혁, 페미니스트 쾌거-어머니 성씨 대물림 법안 통과", 2005. 5. 12(http://www.womennews.co.kr/news/11314).

12 newspeppermint, "어머니의 이름으로: 어머니의 성을 선택하는 부모들", 2015. 9. 30.

13 newspeppermint, "어머니의 이름으로: 어머니의 성을 선택하는 부모들", 2015. 9. 30.

14 田中通裕「フランス法における氏について」『新世紀へ向かう家族法』86頁 (日本加除出版株式會　社, 1998); 홍춘의, "현대 프랑스 친자법과 친권법의 발전과 동향", 「가족법연구」 제13호, 한국가족법학회, 1999, 319면, 참조.

15 명순구 역, 「프랑스 민법전」, 법문사, 2004, 176-177면.

의 성이 자녀의 성으로 된다. 이처럼 모의 성을 사용하기로 결정하는 데에는 양성평등의 과정에 대한 반향으로 이루어지기도 한다. 전통에 얽매이지 않으며, 부의 성만을 따르게 하는 것은 남성이 가장이라는 것을 의미하는 무지하고 시대에 뒤떨어진 행위이며, 양성평등에 반하는 행위로 규정하고 있다.

II. 독일

1949년 서독에서 기본법이 제정되고 제3조 제2항에 양성평등의 규정을 두면서, 제117조 제1항에 의하면 양성평등의 원칙에 반하는 법률 규정은 1953년 3월 31일에 효력을 상실하는 것으로 되어 있었다.[16] 이에 상반되는 법률 규정은 1953. 3. 31.에 효력을 상실하는 것으로 규정하였다. 민법상의 성에 관한 부 성 강제주의 규정이 양성평등에 위반되는지 여부가 개정 작업의 일환으로 논의되었다. 이에 따라 처가 부의 성을 따르도록 강제하는 규정이 양성평등의 원칙에 반하지 않는다는 보수파의 주장이 우세했다. 부부에게 성을 선택할 수 있는 권리를 주는 것은 일반 국민의 정서와 맞지 않으며, 처가 부의

---

16 김상겸 · 정윤선, "독일 통일헌법 제정상의 교훈을 통한 한반도 통일헌법 구상", 「한 · 독사회과학논총」 제22권 제1호, 한국사회과학회, 2012. 3., 151면.

성을 따르도록 규정한 BGB §1355는 독일의 전통에 부합한다는 것이 개정 반대론의 주된 논거였다. 결국 아내가 남편의 성을 따르는 법 원칙은 그대로 유지되었다. BGB §1355가 헌법이 규정한 양성평등의 원칙과 조화될 수 없으며, 따라서 당연히 개정되어야 한다는 주장은 당시 사회에서 소수의 견해로 머물고 말았다. 그 결과 1958년 7월 1일부터 남녀 동권법이 시행된 후에도 처가 부의 성을 따라야 한다는 규정은 그대로 유지되었다.[17]

결국 독일 국민의 전통과 정서를 고려하여 부 성 강제주의는 유지되었으나 이후 남녀평등의 요구가 강하여 1976년에 민법 제1355조[18]는 개정되어 다음과 같은 내용을 규정하였다. 즉 혼인에 의해서 부부는 동일한 성을 사용해야 하지만, 협의에 의해서 부부 중 누구의 성을 공동의 성으로 할 것인가를 정할 수 있게 되었으나 협의가 되지 않은 경우에는 부의 성이 부부의 성(혼인 성)으로 된다는 규정[19]을 두고 있어서 여전히 평등의 원칙에 반한다는 비판의 소지를 남기고 있

---

17 당시 서독 의회는 이 기한을 지키는데 실패하였으며, 4년 후인 1957년 6월 18일이 되어서야 '남녀 동권법'을 통과시킬 수 있었기에 부부의 성 중에서 하나를 공동의 성, 즉 혼인 성으로 하게 되었다(Erman/Bearbeiter, II. Bd., 14. Aufl., 2014, §1355 Rdnr. 2 ff BGB; 김선이, "독일 통일과 가족법", 「가족법연구」 제11호, 한국가족법학회, 1997, 518~519면).

18 Erman/Bearbeiter, a.a.O., §1355 Ehename BGB.

19 Erman/Bearbeiter, a.a.O., §1355 Abs. 2 S. 2 BGB, Rdnr. 2ff.

었다. 한편 개정법에 의해서 자녀가 모의 성을 따를 수 있는 길이 처음으로 열리게 되었다.[20] 당시 BGB §1355 Abs. 2 S. 2에 대해서는 위헌이라는 비판이 제기되었으나, 이 규정이 독일의 전통과 합치한다는 이유로 합헌론을 옹호하는 견해도 적지 않았다.[21]

혼인에 의해서 부부는 동일한 성을 사용해야 하지만 협의에 의해서 부부 중 일방의 성을 공동의 성으로 할 것을 정할 수 있고, 만약 협의가 이루어지지 않은 경우에는 부의 성이 부부의 성(Ehename)이 된다.[22] 그리고 혼인 중의 자는 부모의 혼인 성을 따른다.[23]

그러나 독일이 통일된 후인 1991년 연방공화국 헌법재판소에서 부의 성을 따르게 하기 위해 처의 성을 변경하여 부부 동성을 강제하는 것은 양성평등 원칙을 선언한 기본법 제3조 제2항과 조화될 수 없

---

20 당시 개정된 독일 민법 제1616조에 의하면 혼인 중의 자는 더 이상 부의 성이 아니라 부모의 혼인 성을 따르도록 규정되었다. 그러므로 부부 중 처의 성이 혼인 성으로 정해진 경우 자녀는 모의 성을 따르게 된 것이다. 혼인 외의 자는 전과 다름없이 모의 성을 따르도록 되어 있었다(Erman/Bearbeiter, a.a.O., §1616 BGB, Rdnr. 1 ff).

21 Erman/Bearbeiter, a.a.O., §1355 Abs. 2 S. 2 BGB는 부부가 혼인 성에 대해서 협의하지 않은 경우에는 부의 성이 자동으로 혼인 성으로 된다는 규정이므로, 녹색당에서는 혼인 후에도 부부는 공동의 혼인 성을 사용하지 않고, 각자 원래의 성을 유지하는 방안에 대하여 양성평등에 입각한 대안을 제시하였고, 사민당에서도 부부가 협의하여 혼인 성을 정하되 협의가 되지 않는 경우에는 각자 혼인 전의 성을 유지하는 방안을 제시하였다.

22 §1355 BGB 개정 전의 내용.

23 NomosGesetze, Zivilrecht wirtschaftsrecht, 22. Aufl, 2013, §1616 BGB.

다는 이유로 위헌이라고 판결하였다.[24] 이를 기초로 독일 민법 규정은 1993년 민법 개정으로 부부는 반드시 동일한 성을 사용해야 한다는 원칙을 포기하고, 혼인 성에 대해 부부가 협의하지 않은 경우에는 부부는 각자 혼인 전의 성을 유지하도록 하였다.[25] 그리고 부부는 공동의 성을 사용하거나 각각 출생지의 성 또는 전혼의 성을 사용할 수 있게 하였다. 이처럼 부부 별성이 가능하게 되어 자녀의 성 또한 부 또는 모의 성을 선택할 수 있게 되었다. 자의 출생 후 1개월 후에 자의 성에 대한 협의가 없으면 후견재판소에 결정권이 위탁되어 부모의 성 중에 선택되며 이는 혼인 외의 자인 경우에도 준용된다(독일 신분 등록법 제21조a). 이때 법원은 결정권을 가진 부모의 일방이 자녀의 성을 결정해야 할 기간을 정할 수 있다. 결정권을 가진 부모의 일방이 법원에서 정한 기간 내에 자녀의 성을 정하지 않으면 결정권을 가진 부 또는 모의 성이 자녀의 성으로 된다.[26] 독일 민법에 의하면 혼인 외의 자의 부모도 공동 친권자가 될 수 있는데 이 경우에도 자녀의 성은 위에서 설명한 방식에 의해서 결정된다. 부모의 일방이 단독

---

24 Bverfg v. 5. 3. 1991.

25 NomosGesetze, a.a.O., §1355 Abs. 1 BGB; DieterBäumel, Familienrechtsreformkommentar, Bielefeld:Gieseking, 1998, S. 99.

26 Erman/Bearbeiter, a.a.O., §1617 Rdnr. 1 ff BGB.

친권자인 경우 자녀는 친권자의 성을 따른다.[27] 부모의 이혼 시 모가 성을 변경할 경우 자의 성은 변경되지 않으므로 모자간의 성이 다르고 모가 재혼을 하면 새로운 혼인 중의 성을 취득하게 되므로 이 역시 모자간의 성은 다르게 되나 모가 재혼하여 혼인 중의 성을 취득하였을 경우 '성의 부여'에 의해 모자간은 같은 성을 사용할 수 있게 된다.[28]

이처럼 공동 성의 이념과 평등 원칙을 일치시키는 부부 평등을 실현한다는 유일한 의미를 가지고 있다.

Ⅲ. 스위스

부부 관계에 있어서 스위스 민법은 부부는 혼인에 의해 부부 공동체를 형성하며,[29] 부는 부부 공동체의 장으로서 처와 자를 적절한 방법으로 부양하여야 하고 공동체의 대표자가 된다고 규정하고 있고,[30]

---

27 §1626a Abs. 1 Nr. 1 BGB에 따르면 자녀 출생 시 부모가 혼인하지 않은 상태에 있어도 공동으로 친권을 행사하겠다는 의사 표시에 의해서 공동 친권자가 될 수 있다. 이러한 의사 표시가 없는 경우에는 모의 단독 친권이 성립한다(Erman/Bearbeiter, a.a.O., §1626a Abs. 2 BGB). 독일 민법은 혼인 중의 자와 혼인 외의 자 사이에 존재했던 차별을 제거하려고 한 것이다(Erman/Bearbeiter, a.a.O., §1617a Abs. 1 BGB).

28 김병두, 앞의 논문. 78면.

29 Kaufmännische Ausgabe, ZGB · OR, 11, Auflage., 2014/15, Art. 159 ZGB.

30 Kaufmännische Ausgabe, a.a.O., Art. 160 Art. 162 ZGB.

가장은 실질적인 권한이 부여된 지위가 아니므로 부부 관계에 있어서 처의 지위가 부의 권한에 흡수되는 것이 아니라 부부는 일심동체로서 협력하여 공동체의 행복을 지키고 공동으로 자녀를 보호할 의무가 있으며, 서로 성실하고 협조해야 할 의무를 가지고 있다.[31] 따라서 스위스 가족법은 부부 관계에 있어서 부부가 공동으로 가의 대표가 되는 것으로 규정하고 있으므로,[32] 부부간의 양성평등에 어긋나는 관계는 인정되지 않는다고 할 것이다.

Ⅳ. 영국

영국은 자의 성 변경을 자의 장래의 복지를 우선으로 고려하여 부여된다. 자의 성 변경이 자유롭게 인정되며, 부모는 공동 또는 타방의 동의를 얻어 자를 위한 것임을 증명하여 자의 성을 변경할 수 있다. 그러나 부모의 일방이 타방의 동의 없이 자의 성을 변경하려고 하는 경우에는 타방은 이를 저지하기 위해 금지 명령을 신청할 수 있으며, 이러한 분쟁에 있어서 법원은 자의 최선의 이익을 고려한다.[33]

---

31 Kaufmännische Ausgabe, a.a.O., Art. 159 Art. 163 ZGB.

32 Kaufmännische Ausgabe, a.a.O., Art. 168 ZGB.

33 Lowe and Douglas, Bromley's Family Law, 10th ed. (Oxford, 2007), 310.

부모가 이혼하여 모와 함께 살고 있는 자의 성은 모가 전부(前夫)와의 협의나 동의가 없어도 전부의 사망, 소재 불명 등의 정당한 사유가 있는 경우에는 성의 변경을 신청할 수 있다.[34] 대부분 모가 자의 성을 변경하려고 할 때에는 자와 함께 새로운 가정에서 새로운 부와 다시 시작하기를 원하며 자의 성이 새로운 부와 같게 되기를 바라는 것이다. 따라서 전부의 행위로 인하여 전부의 성에 대한 평판이 좋지 않다는 사실의 존재와 성의 변경으로 인해 전부와 자의 관계를 약화시킬 필요성의 유무 그리고 자가 그러한 자신의 출신 배경에 대해 이해하고 받아들이고 있는지를 종합적으로 고려하여 판단하여야 한다.[35]

영국에서 비적 출생자는 모의 성을 따르는 것이 원칙이나 부의 성을 따를 수 있도록 하고 있다. 출생 등록에 관한 법률에 의하면 부의 성을 기입하는 것은 양부모가 공동으로 신청하여야 하며 모가 단독으로 신청을 할 경우에는 부라고 인정되는 자의 법적 선언 또는 부라고 추정되는 자의 인지 명령 증명서가 있는 경우에만 가능하다.[36]

---

34 Practice Direction 1977 1 W. L. R. 1065.

35 Lowe and Douglas, op. cit, 311.

36 Births and Deaths registration Act 1953, s. 10, as amended by Family Law Reform Act 1969, s. 27 (1) and the children Act 1975, s. 93 (1).

1987년의 가족 개정 법률은 부도 혼인 외의 자에 대해 아버지로서의 권리와 의무를 부여해 줄 것을 법원에 청구할 수 있도록 했다.[37]

영국은 자의 복지를 최우선으로 고려하여 성을 선택할 수 있도록 하며, 성을 변경함에 있어 신고나 허가의 필요 없이 자유롭게 이루어지고 있다.

V. 미국

미국 사회에서 부부와 자녀가 어떤 성을 사용할 것인가의 문제는 원칙적으로 당사자의 자유로운 결정에 맡겨져 있다. 미국에 있어서 자는 부의 성을 취득하는 것이 공식적인 정책이자 오랜 관습이다. 자가 부의 성을 취득하는 것은 자의 적출생을 반영하는 것이고 부는 가장으로서 자로 하여금 부의 성과 신분을 취득하고 부의 가계(家系)를 계승하도록 할 권리가 있다고 인정되었다. 이러한 부계 혈통주의는 가족에 관한 모든 문제의 결정권이 부에게 속한다는 관념에서 나오는 당연한 귀결이었다. 1980년대까지만 해도 자녀는 부의 성을 따른다고 명문으로 규정한 주들이 적지 않았다. 그러나 가족 내에서 부부

---

37 Jonhn Eekelaar · Robert Dingwall, The reform of child care law, Routledge London, 1992, p.21;
    Registration of Births, Deatha and marriges Regulations (S. I. 1968 No. 2049), art. 18 (3).

의 평등이 인정되고, 여성이 혼인 후에도 자신의 성을 그대로 유지할 수 있게 되면서 자녀의 성은 법적인 쟁점이 되기 시작했다. 사회와 법의 발전 추이에 발맞추어 부의 성을 자녀의 성으로 규정하고 있었던 각 주의 법률들은 법원에 의해서 위헌으로 선고되기 시작했다. 이에 따라 부계 혈통주의를 채택하고 있던 하와이, 노스캐롤라이나, 플로리다주의 해당 법률이 효력을 상실하였고, 루이지애나와 뉴햄프셔주는 법 개정을 통하여 부계 혈통주의를 삭제하였다. 이러한 일련의 판례는 다음과 같은 헌법 정신에 의해 뒷받침되고 있다. 자녀의 성을 선택하는 것은 기본적으로 가족 내에서 결정되어야 할 사항이며, 따라서 국가의 불필요한 개입으로부터 보호되어야 한다. 또한 자녀에게 부의 성을 따르도록 강제하는 부계 혈통주의는 모에 대하여 부의 우월한 지위를 인정함으로써 평등의 원칙을 침해하는 것이다.[38]

오늘날 미국 사회에서 자녀의 성 결정은 부모에게 맡겨져 있다. 부모는 부 또는 모의 성을 자녀의 성으로 선택할 수 있고, 부모의 성을 결합할 수도 있으며, 부모의 성 중에서 일부를 떼 내어 새로운 성을 만들 수도 있다. 미국에서는 자녀의 성을 선택할 수 있는 부모의 자

---

[38] 플로리다, 하와이, 루이지애나, 뉴햄프셔, 노스캐롤라이나주 등(Lenore J. Weitzman, The Marriage Contract, New York: A Division of Macmillan Publishing Co. Inc, 1981, p. 13; Jech v. Burch 466 F. Supp. 714 (1979)).

유가 헌법에서 나오는 것으로 이해되고 있다.[39]

자녀는 부의 성을 따라야 한다는 부계 혈통주의가 폐지된 상태에서는 자녀의 성에 대하여 부모의 협의가 이루어지지 않은 경우 자녀의 성을 어떻게 정할 것인가의 문제가 제기된다. 이제까지 미국에서는 가정이 원만하게 유지되는 경우에 부모가 자녀의 성에 대하여 협의하지 못해서 문제가 된 판례는 찾아볼 수 없다. 다만 자녀가 출생했을 때 부모가 이미 이혼했거나 별거하고 있는 경우 등 예외적인 상황에서 부모가 자녀의 성에 대하여 합의를 하지 못해서 문제가 된 사례가 있을 뿐이다. 이런 경우에 대하여 명문의 법 규정을 두고 있는 주들도 있는데 뉴햄프셔와 펜실베이니아주에서는 친권자가 자녀의 성을 정하도록 하고 있다. 하와이주에서는 부모가 협의할 수 없는 경우 법원이 자녀의 성을 결정한다. 이 경우 법원의 판단 기준은 자녀의 복리이다. 이 문제에 대한 명문의 규정이 없는 경우에는 법원이 자녀의 복리에 따라 성을 결정한다. 법원은 구체적인 사정을 고려하여 어느 성이 자녀의 복리에 가장 적합한가를 결정해야만 한다. 판례에 나타난 경향을 보면 자녀의 성 결정과 관련하여 부모 중 어느 일

---

39 하와이, 미시간, 뉴햄프셔, 사우스캐롤라이나주에서는 자녀의 성을 정하는 것이 부모의 권리라고 규정하고 있다. 예를 들면 부의 성이 Schaefer, 모의 성이 Antly인 경우, 이 부모는 자녀에게 "Schaefly"라는 성을 줄 수 있다.

방에게도 우선권이 인정되지 않으며, 자녀 복리의 원칙이 유일한 판단 기준이다. 자녀의 성과 관련된 결정을 하는 경우 법원은 자녀의 의견을 존중해야 하며, 부모와 자녀와의 관계, 자녀가 현재 누구의 가족에 속해 있는가 등의 사항을 고려하여야 한다.[40]

VI. 아시아

1. 중국

중국은 전통적으로 부계 혈통주의를 바탕으로 한 종법에 따라 가부장적 가족 제도를 유지하여 왔으며, 자는 부의 성을 따르도록 하고 있었다. 그러나 중국의 이러한 전통적 가족 제도는 중국이 사회주의 국가로 전환되면서 개혁되었으며, 이에 성씨 제도도 변경되었다.[41]

구 중국에서는 자는 부의 성을 칭하였으나, 1980년 혼인법 제16조[42]는 자는 부의 성을 칭할 수도 있고, 모의 성을 칭할 수도 있다고 규정하고 있으며 자가 성년에 달한 후에는 부모가 결정한 성명을 자

---

40 Jacobs v. Jacobs 309 N. W. 2d 303 (1981).

41 손현경, "한국 가족법상의 성씨 제도에 관한 연구", 부산대학교 대학원 박사학위, 1996, 112면.

42 부의 성을 칭하던지 모의 성을 칭하던지 또는 다른 성을 칭하는 가는 자의 선택에 위임한다고 규정되어 있다.

유로이 변경할 수 있도록 하였으며 나아가 최고인민법원의 해석에 따라 부 성도 모 성도 아닌 제3의 성을 선택할 수 있다고 이해되고 있다.[43]

자녀는 부부 쌍방의 자녀이며 부부는 자녀에 대해 동등한 권리와 의무를 가지므로 자의 성도 어느 일방에게 속하는 것이 아니라 자의 성명권에 입각하여 자신의 성을 선택할 수 있으며(중국 민법 통칙 제99조), 자는 부 또는 모의 성 중 어느 것을 따르더라도 상속상·부양상 어떠한 불이익도 받지 않는 것으로 되어 있다.[44] 혼인법 제22조도 자녀는 부의 성을 따를 수 있으며, 또 모의 성을 따를 수도 있다고 규정하여 부모의 성 중에서 자녀의 성을 선택할 수 있는 길을 열어 놓고 있다(중국 혼인법 제22조). 유교와 종법제의 발상지였던 중국에서도 부의 성을 일률적으로 강제하는 부계 혈통주의는 더 이상 존재하지 않는다.[45]

혼인법 제14조에서 부부 쌍방은 각자 자기 성명의 권리를 갖는다고 규정하고 있어 부부 별성주의와 성 불변의 원칙을 인정하고 있다. 이는 혼인에 의하여 부가 부에 대하여 인신의 자유를 제한하고 간섭

---

43   정현수, "호적 제도의 개선 방안에 관한 고찰", 「가족법연구」 제13호, 한국가족법학회, 1999, 479면.

44   法律問答編寫組編 : 《民事法律問答》, 知識出版社 1983年版, 頁57。

45   김상용, 「가족법연구 II 」, 법문사, 2006, 173면.

하는 것을 금지함으로써 남녀평등을 강조하기 위한 것으로 이해되고 있다.[46]

부의 성을 따르는 것은 부계 위주의 가족 형태의 상징적인 의미이며, 부의 성만을 강요하는 것은 남녀평등의 원칙에 위배될 수 있다. 부모의 성이 다른 경우 자녀가 부의 성을 따르도록 강제하는 입법 예는 역사에서 사라지는 추세에 있다. 변화를 가능하게 했던 요인으로는 우선 양성평등 의식의 확산을 들 수 있고, 가족법 분야에서 불필요한 국가적 강제가 줄어든 반면, 가족의 자율적 합의를 존중하는 경향이 강화된 것도 이러한 변화에 동력을 제공한 것으로 평가된다.

2. 대만

대만에서는 "자는 부 성을 따른다."고 규정(대만 민법 제1059조)하여 부성주의를 원칙으로 하고 있다. 그러나 "단, 모에게 형제가 없고 자는 모의 성에 따른다는 약정이 있는 경우에는 약정에 따른다."고 규정하여 예외적으로 모 성을 따를 수 있도록 했다(대만 민법 제1059조 단서).

한편 입부혼인인 경우에는 "자는 모의 성을 따른다."고 하여 모

---

46   김영규, "우리 민법상의 부성주의", 「법학연구」 제25집, 한국법학회, 2007, 169면.

성주의를 원칙으로 하고 부성주의를 예외로 한다(대만 민법 제1059조 제2항).

양자는 양친의 성을 따르며(대만 민법 제1078조 제1항),[47] 양친이 배우자가 있는 경우에는 제1059조가 적용되어 양자의 성은 적출자와 동일하게 취급된다. 그러나 양친자 관계가 해소되는 경우에는 양자는 원래의 성을 회복한다.[48]

이처럼 중국과 대만은 점차 가부장적 가족 제도에서 벗어나 부성주의를 완화하거나 폐지하고 있다. 특히 중국은 성씨를 혈통의 표식이 아닌 개인의 표식으로서 인정하고 자의 성은 자의 이익을 위하여 부여되어야 한다는 입장을 취하고 있다.

3. 일본

일본에서는 전통적으로 처는 혼인을 하더라도 부의 가를 상속하지 않는 한 처의 '소생의 씨', 즉 부를 통해 계승된 씨를 사용하는 것을 원칙으로 하고 있었다. 그러나 1890년 구 민법 제243조는 호주 및 가족은 그 가의 씨를 사용하도록 하여 혼인으로 인하여 부의 씨를 사

---

47 양자는 입양자의 성에 따르거나 원래의 성을 유지한다(김성수 역, 「대만 민법전」, 법무부, 2012, 571면).
48 제1083조 양자와 입양의 효력이 미치는 직계 비속은 입양 관계가 종료한 때로부터 그 본래의 성을 회복하고 그 친생 부모와 그 친족 사이의 권리 의무를 회복한다. 다만 제3자가 이미 취득한 권리는 영향을 받지 아니한다(김성수 역, 위의 책, 579면).

용하게 하였으나,[49] 현행 일본 민법은 부부는 혼인 시에 부 또는 처의 씨 중 하나를 선택하여 사용하도록 규정하여,[50] 한 가족이 하나의 씨를 사용하는 것을 원칙으로 하고 있다. 부 또는 처의 씨를 선택하도록 되어 있으므로 부부가 각자의 본래의 씨가 아닌 제3의 씨를 부부 공동의 씨로 정하는 것은 허용되지 않는다.[51] 일본 민법 제750조[52]에 의하면 부부는 혼인할 때에 협의하여 처나 부의 성을 부부의 공동으로 정한다. 그리고 자녀가 출생하면 부모의 성을 따르도록 되어 있다. 따라서 혼인할 때 부부가 협의하여 부의 성을 부부의 성으로 선택한 경우 자녀는 모의 성을 따르게 되는 것이다. 구미 국가와 마찬가지로 자녀에게 부의 성을 따르도록 강제하는 법 규정은 존재하지 않는다.[53]

일본 민법 제769조·제771조에서는 혼인으로 씨를 변경한 부부 일방이 혼인 중 상대방의 제사 재산을 승계한 후에 이혼을 하게 된 경우에는 당사자가 기타 관계인의 협의로 그 권리를 승계할 자를 정하도록 하고 있다.[54]

49　이용재, "황민화 정책을 통해 본 창씨 개명", 부산외국어대학교 대학원 석사학위, 2008, 50~52면.

50　제750조 부부는 혼인 시에 정하는 바에 따라 부 또는 처의 성을 칭한다(오현수 편역, 「일본 민법」, 진원사, 2014, 401면).

51　김상용, 앞의 책(주45), 172~173면.

52　오현수 편역, 앞의 책, 401면.

53　김상용, 앞의 책(주45), 172~173면.

54　오현수 편역, 앞의 책, 410~412면.

최근 일본은 부부 동성제[55] 사용에 있어서도 합헌이라 하였다. 무엇보다 이 사건은 성씨의 선택에 관하여 지금까지 부의 성씨를 선택하는 부부가 압도적 다수를 점하고 있는 상황에 비추어 보면 그 현상이 부부가 되고자 하는 자의 쌍방의 진정으로 자유로운 선택의 결과에 의한 것이고 사회에 존재하는 차별적인 의식이나 관습에 의하여 영향이 있는 것이라면 그 영향을 배제하여 부부간에 실질적인 평등이 보장되도록 하는 것은 헌법 제14조 제1항의 취지에 따르는 것이라고 할 수 있다. 즉 헌법 제24조 제1항에서 "혼인은 양성의 합의에 따라서만 성립하며, 부부가 동등한 권리를 가짐을 기본으로 하며, 상호의 협력으로 유지되지 않으면 아니 된다."고 규정하고 있다. 이는 당사자 간의 자유롭고 평등한 의사 결정에 맡겨야 한다는 취지를 명확하게 밝히고 있는 것으로 개인의 존엄과 양성의 본질적 평등의 요청에 비추어 합헌이라 한다.[56] 이처럼 일본은 성을 자유롭게 사용하며, 시대에 앞서서 완전한 양성평등에 기여하고 있다.

---

55 혼인과 더불어 부부가 동일한 성씨를 칭함.

56 最判 2015(平成 27年)12月 16日, 平成 26年(オ)第 1023号 損害賠償請求事件.

제3장

성씨 제도와
양성평등의
상관관계 및
문제점

제1절 성씨 제도에서의 양성평등에 대한 관점

Ⅰ. 부성주의와 양성평등

2003년 제기된 부성주의 조항에 대한 위헌 법률 심판 제청은 2년이 넘는 시간을 끌다 앞서 2005년 3월 31일 해당 법 조항이 개정된 후인 2005년 12월 22일에 헌법 불합치 결정이 내려졌다.[01] 헌재는 재판관 7대 1의 결정으로 헌법 불합치 결정을 내렸지만, 헌법 불합치 결정의 이유에 대해서는 재판관 5인의 다수 의견과 재판관 2인의 별개 의견으로 나뉘었고 재판관 1인의 합헌 의견이 있었다.

별개 의견은 부성주의를 양성평등 원칙과 개인의 존엄 위반이라는 점에서 위헌이라고 보았으나, 위헌 결정을 선고한다면 당장에 성의 결정과 사용에 대해 아무런 기준이 없어지게 되는 혼란이 초래되므로 헌법 불합치 결정을 선고한다는 것이다. 별개 의견은 부성주의를 부계 혈통주의의 핵심으로 보았는데, 즉 부성주의는 부와 남성을

---

01   헌법재판소 2005. 12. 22. 선고 2003헌가5·6병합 결정.

중심으로 한 혈통 계승을 강제하여 부와 남성을 가족의 중심에 놓이게 하며 이를 통해 가부장적 가치 질서를 유지, 강화하고 가족 내 여성의 지위를 남성에 비해 부차적이고 열등한 것으로 놓이게 하여 여성을 차별한다는 것이다. 또한 부성주의는 개인의 성을 어떻게 결정하고 사용할 것인지에 대해 개인과 가족의 구체적인 상황이나 의사를 전혀 고려하지 않고 일방적으로 부 성의 사용만을 강제한다는 점에서 개인의 존엄을 침해한다고도 하였다.[02]

반면 다수 의견은 부성주의 원칙 자체는 위헌이 아니나, 부성주의의 강요가 개인의 인격권을 침해하고 개인의 존엄과 양성의 평등에 아무런 예외를 규정하고 있지 않은 것은 위헌이라고 판단하며 부성주의 조항에 대해 헌법 불합치 결정을 내렸다. 별개 의견이 부성주의를 가부장적 부계 혈통주의의 핵심으로 파악한 데 반해, 다수 의견은 부성주의는 부와 모의 혈통 중 어느 것을 성에 반영할 것인가에 대한 선택의 문제라고 보았다. 개인의 혈통을 반영한다는 점에 있어 그 어느 쪽도 완전하지 못하고 동일한 한계를 지닌 부성주의와 모성주의[03]

---

02 위선주 · 배은경, "자녀의 성 · 본 변경을 통해 본 부계 가족의 정상성과 어머니의 지위", 「젠더와 문화」 제6권 제1호, 계명대학교 여성학연구소, 2013, 60면

03 모 성이라는 말은 헌법재판소의 다수 의견에서 나오는 말이다. 그런데 여기서 모의 성은 모계 혈통을 상징화하는 모계 성이 아니라, 그저 모의 부계 성이다. 그러므로 여기서 사용되고 있는 모 성이라는 말은 상당한 혼란을 일으킬 수 있는 용어이다. 그러나 현재 어머니의 부계 성을 지칭할 수 있는 별도의 용어가 없는 상황이고 이미 헌법재판소 결정문에서 모 성이라는 용어가 사용되었기 때문에, 이 글에서도 일단 모 성이

중에서 부성주의를 선택한 것을 위헌이라고 할 수 없다는 것이다. 또한 부성주의는 규범으로서 존재하기 이전부터 생활 양식으로 존재해 온 사회 문화적 현상으로, 개인의 권리 의무에 직접적인 영향을 미치지 않고 구체적인 불이익이 문제되지 않기 때문에 대다수의 사회 구성원이 자연스러운 생활 양식으로 받아들이고 있으므로 그 자체가 위헌이 될 수 없다고 보았다. 부성주의는 개인의 구체적인 권리 의무나 법적 지위에 실체적인 영향을 미치지 않으므로 부성주의로 인한 사실상의 차별적 효과가 개인의 존엄과 양성의 평등을 침해하는 정도에 이른다고 볼 수 없다고도 했다. 즉 다수 의견은 성의 사용은 구체적인 권리 의무에 영향을 미치지 않는다고 보았으며 사회의 일반적인 인식을 반영한 실용적인 선택으로서 부성주의를 지지한 것이라고 할 수 있다. 그런데 다수 의견과 별개 의견 모두 인정하듯이, 모의 단독 양육이나 재혼, 입양 등 가족 관계의 변동과 새로운 가족 관계의 형성이 일어난 상황에 따라서는 부 성의 사용을 강요하는 것이 개인의 가족생활에 심각한 불이익을 초래하는 것으로 받아들여질 수 있다. 그래서 다수 의견은 이러한 경우에도 모 성의 부여나 부 성의 변경 등 부성주의에 대한 예외를 규정하지 않고 있는 것은 헌법에 불

라는 용어를 어머니의 부계 성이라는 뜻으로 사용한다(위선주·배은경, 앞의 논문, 60-61면).

합치하다고 판단하였던 것이다.[04]

　부성주의 조항의 합헌성은 한 사람의 재판관이 주장했다. 그는 부성주의를 헌법에 선행하는 문화의 하나로 보면서, 모자 관계에 비해 본질적으로 불확실할 수밖에 없는 부자 관계의 존재를 대내외적으로 공시하여 가족의 형성과 유지, 나아가 이를 기초로 하고 있는 사회 공동체의 존속과 안정을 보장한다는 점에서 부성주의가 그 합리성이 인정된다고 주장했다. 부성주의를 취할 경우 모의 혈통은 성에 반영되지 않는다는 점에서 여성에 대한 차별적 효과가 발생한다는 것은 인정할 수 있다고 하면서도, 성은 사람을 식별하는데 사용되는 여러 기호 체계의 하나일 뿐이고 이 기호에 부계 혈통의 공시 기능과 공신력이 부여되어 있을 뿐 이것이 여성이 갖는 인간으로서의 존엄성의 실체에 영향을 미치지 않는다고 주장했다.

　이러한 합헌 의견은 가족은 부계 혈통 계승의 구현이라는 가부장적 가족 관념을 옹호하고 출산을 통해서만 가족 관계가 형성된다고 전제하고 있기 때문에 재혼이나 입양 등 다양한 방식으로 가족이 형성되고 유지되는 현실을 담아내지 못한다는 한계가 있다. 또한 합헌 의견은 재혼 가정이나 입양 가정에서 부와 자녀가 성이 달라 겪는 불

04　이기수, "자의 성·본 변경에 대한 판단 기준", 「비교법연구」 제16권 2호, 동국대학교 비교법문화연구원, 2016, 96–97면.

이익의 원인을 부성주의가 아니라 이들 가정에 대한 편견에서 찾고 있는데, 이러한 편견은 부계 혈통을 계승하는 전통적인 가부장적 가족만을 정상으로 인정하는 사회적 인식에서 비롯한 것이다. 부계 혈통주의의 상징적 구현인 부성주의를 고수하는 한 이른바 '정상적'인 가족에서 벗어난 형태의 가족에 대한 편견과 낙인은 사라지지 않을 것인데 합헌 의견은 이 같은 논리 관계를 뒤바꾸고 있는 것이다.[05]

헌재의 헌법 불합치 결정 이후, 보수적인 입장과 진보적인 입장에서 각각 비판이 제기되었다. 전자의 입장에서는 '아들과 딸에게 차별하지 않고 성을 부여한 것이 우리나라의 전통 성씨 제도'인데 '이를 남녀 차별이라고 주장하는 것은 남녀 대결 논리에만 집착하는 것'[06]이라고 주장하면서 부의 성은 '부 한 사람만의 성이 아니라 부계 조상 전부의 성씨를 의미'하는 것으로 '부계 혈통주의, 즉 부계 사회에 부 성 승계 원칙은 필수 불가결의 요소'[07]라고 하였다. 후자 측에서는 헌재의 결정이 '왜 부의 성을 따라야 하느냐는 문제의 핵심은 비켜가고', '부성주의라는 상징이 실제로 차별을 양성하는 굉장한 힘을 지니

---

05   위선주 · 배은경, 앞의 논문, 61~62면.

06   한국성씨총연합회 · 정통가족제도수호범국민연합, "모 성 선택의 불법, 불합리성: 한국 여성은 왜 결혼 후에도 남편 성을 따르지 않는가", 2006. 1.

07   한국성씨총연합회 · 정통가족제도수호범국민연합, "자녀는 아버지의 성 · 본을 따르는 것이 아니라, 부계조상 전체의 성 · 본을 따르는 것이다: 법제처의 부성원칙 폐지 입법화 논란에 대해".

고 있다는 점을 간과'[08]하고 있다고 비판하였다.[09]

비록 부성주의 자체는 여성에게 차별적인 효과를 발생시키지 않는다고 한 헌재의 결정이 한계를 가지고 있지만, 일정 부분 성·본의 의미를 부계 혈통의 표지에서 실질적인 생활 관계의 표지로 전환했다는 점에서는 의의가 있다고 평가한다. 헌재의 결정은 부의 사망, 부모의 이혼, 혼인 외의 자 등의 경우에 있어 모의 단독 양육이 예상될 때 생활 관계의 구체적인 상황에 따라서는 모 성의 사용이 구체적인 이익으로 나타날 수 있으며 이러한 경우 모 성의 사용을 허용해야 한다고 했다. 또한 재혼이나 입양 등 가족 관계의 변동과 새로운 가족 관계의 형성 등 구체적 상황에 따라 성이 생물학적 부의 혈통을 상징하는 것보다 훨씬 더 큰 이익과 관련되어 있는 경우 부 성의 변경을 허용해야 한다고 했다.[10]

---

08   강성준, "그래도 부성주의는 '합헌'이라는 헌재의 '아버지들'", 인권하루소식, 2005. 6. 5.

09   김영규, 앞의 논문, 174면.

10   양현아, 「한국 가족법 읽기」, 창비, 2011, 483면; 위선주·배은경, 앞의 논문, 63면.

II. 양성평등에 반하는 부성주의의 사례

1. 부자 동성 유지를 통한 친부와의 유대 관계 보호

양성평등에 반하는 부성주의의 사례 중 분석의 대상이 된 76건의 판례 가운데 친부의 의사, 즉 자녀의 성·본이 모나 계부의 성·본으로 변경되는 것에 대한 친부의 동의 여부가 판단의 근거로 언급된 경우는 40건이었다. 그중 친부가 동의한 10건 가운데 허가된 경우가 9건이었고, 그 가운데 3건은 친부가 양육비를 지급하지 않거나 면접 교섭을 하지 않는 등 친부와의 교류나 부양이 오래 전 중단된 경우였다. 유일하게 기각된 사건에서는 이혼 후 친부가 5년 가까운 기간 동안 양육비 지급이나 면접 교섭의 이행을 하지 않았는데, 법원은 그동안 양육 책임을 방기해 온 사정으로 보아 친부는 향후에도 자신의 양육 책임을 방기 내지 회피하기 위해 안이하게 성·본 변경에 동의해 준 것으로 친부의 동의가 자녀의 복리를 고려한 것으로 볼 수 없기 때문에 판단에 아무런 영향을 줄 수 없다고 하였다.[11]

한편, 친부의 반대에도 불구하고 성·본 변경이 허가된 사례를 보면, 대부분 재혼 가정에서 계부의 성·본으로 변경하려는 경우였고

---

11 인천지방법원 2012. 6. 5. 선고 2011느단2838 판결; 위선주·배은경, 앞의 논문, 64면.

친부와의 관계는 이미 상당 부분 단절된 상태였다. 이 경우 자녀가 처한 '양육 환경과 양육비 부담자'를 고려하여 계부의 성·본으로의 변경이 허가되었다. 한편 친부가 반대하는 가운데 기각된 사례들 중 계부의 성·본으로의 변경을 청구한 사례를 살펴보면 재혼 기간이 짧은 경우가 대부분이었다. 따라서 재혼 기간은 재혼 가정에서 자녀의 양육 환경의 안정성을 가늠할 수 있는 척도로 작용하고 있음을 알 수 있다.

모가 단독으로 혹은 친정의 도움을 받아 자녀들을 양육하면서 자녀들의 성·본을 자신의 것으로 변경해 달라고 청구했다가 기각 당한 사례들을 보면 이혼 후 기간이 얼마 경과하지 않았다는 사유도 일부 있지만, 대부분 자녀와 친부 간 관계가 단절될 것을 우려하는 것이 가장 중요한 사유였다. 성·본 변경 시 친부가 '더 이상 부로서의 역할과 책임을 다하려는 노력을 하지 않을 수도 있으며', 이에 따라 '부 또는 부계 친족과의 유대 관계의 단절이나 부양의 단절'을 초래할 수 있다는 것이다.[12]

그동안 헌재의 헌법 불합치 결정 중 다수 의견에서 부성주의 원칙 자체는 위헌이 아니라고 판시한 이유 가운데 하나는 "민법이 가족 제

---

12 서울가정법원 2009. 11. 30. 선고 2009느단3735 판결; 서울가정법원 2011. 7. 28. 선고 2010느단11215 판결; 서울가정법원 2012. 7. 24. 선고 2012느단1946 판결.

도에서의 개인의 구체적인 권리 의무를 규정함에 있어 성은 아무런 기준이 되지 않으며 어떤 성을 사용하느냐에 따라 가족법상의 권리 의무나 법적 지위가 달라지지 않는다."는 것이었다. 성(姓)은 '개인의 혈통을 상징하는 기호'로서 '기호가 가지는 성질로 인해 개인의 권리 의무에 미치는 실질적인 영향력이 크지 않'다. 즉 성이 변경된다고 하여 부자간 법률관계나 부양의 의무 등이 약화되거나 없어지지 않는다는 것이 헌재의 결정이었다.[13]

위와 같이 판결에 있어서는 성·본의 유지 혹은 변경이 친부의 구체적인 권리 의무 이행에 영향을 미치거나 미칠 것으로 간주되고 있다. 친부와 자녀 간 유대 관계를 보호하고 친부에게 부양과 양육의 의무를 부담시키기 위해서는 부자 동성의 유지 및 이를 통한 부계 혈통의 공시가 필요하다고 보는 것이다. 하지만 이러한 관점은 헌재 결정문의 정신에 위배되는 것으로 원칙 그 자체에 대한 재고가 필요하다고 보인다.

2. 형제자매 간 동성 유지의 보호

성·본 변경 제도는 '주로 재혼 가정에서 자라는 자녀들이 실제로

---

13 위선주·배은경, 앞의 논문, 65면.

부의 역할을 하고 있는 계부와 성이 달라서 정신적으로 고통을 받을 경우 이를 해결하기 위하여 마련'되었다는 점에서 특히 재혼 가정에서 계부의 전혼에서의 자녀 혹은 계부와 모 사이의 자녀가 있다면 그 허가율이 더욱 높은 경향을 보이고 있다.[14]

일례로 모가 혼자서 자녀들을 양육하는데 이들의 성이 각각 다른 경우에 모의 성·본으로의 변경은 모두 허가되었다. 이 사례는 여성이 전혼에서의 자녀들을 데리고 재혼하여 계부 사이에서 자녀를 출산한 후 이혼 혹은 부의 사망으로 인해 성이 다른 자녀들을 양육하게 된 경우로, 전혼에서의 자녀들은 혈통 관계를 맺지 않는 계부의 성을 따를 필요가 없고 한 가족 내에서 자녀의 성은 같은 것이 자녀의 복리에 부합한다는 측면에서 모의 성·본으로의 변경이 허가되었다. 부계 혈통에 속하지 않기 때문에 계부의 성을 따를 필요가 없음을 인정한다는 점에서, 부계 혈통의 상징으로서의 성 개념이 여전히 유지되고 있다. 그러나 한 가족 내에서 성이 다르면 불이익을 겪을 수 있다는 점에서 성·본 변경을 허가한 것은 성이 실질적 가족 관계를 반영해야 한다는 개념을 인정한 것으로서, 이 두 개념 간 갈등 가능성

---

14 위선주·배은경, 위의 논문, 66면.

을 내포하고 있다.[15]

　재혼 가정에서 성·본 변경이 허가된 경우는 모두 계부와 모 간에 자녀가 있는 경우들이었다. 모의 성·본으로의 변경이 허가된 경우는 한 건 있었는데, 이 경우는 계부와 모 간 자녀가 있어 형제의 성이 다른데 우연히 계부와 모의 성이 같아서 "모의 성으로 변경할 경우 모든 가족 구성원이 성이 같게 된다."는 점이 허가 사유 가운데 하나였다.[16] 계부의 성·본으로의 변경이 허가된 경우는 모두 계부와 모 사이에 새로 출생한 자가 있어 재혼 가정 내 형제자매의 성이 다른 경우였다. 이러한 경우에는 재혼 가정의 자녀라는 것이 손쉽게 드러나게 되어 자녀가 일상생활에서 어려움을 겪을 수 있음이 비교적 명확하다는 점에서 변경 청구가 어렵지 않게 받아들여진 것으로 보인다. 법원은 형제자매의 성이 다를 경우 모자 가정이건 재혼 가정이건 그 가정이 안정적인 가족 관계를 유지하고 있다면 이들의 성이 같도록 하는 것이 자녀의 복리에 부합한다고 판단하고 있다. 즉 대외적으로 부모와 친생자로 구성되어 부와 자녀들의 성이 모두 같은 '정상적'인 가족으로 드러나는 양육 환경이 만들어지는 것이 바람직하다

15　그러나 부성주의가 원칙이 아니라 모 성의 선택이 부 성의 선택과 동등한 지위를 가지고 있어 자녀들이 모 성을 물려받았다면 애초에 이와 같은 문제가 발생하지 않았을 것이라는 점은 고려되고 있지 않다(위선주·배은경, 앞의 논문, 65–66면).

16　수원지방법원 성남지원 2012. 2. 24. 선고 2011느단1411 판결; 위선주·배은경, 위의 논문, 66면.

고 보는 분위기인 것이다.

한편 모나 계부의 성·본으로의 변경 청구가 기각된 사례들은 대부분 계부에게서 태어난 자녀는 없고 친형제자매가 있어 성·본을 변경할 경우 이들과 성·본이 다르게 된다는 점이 중요한 기각 사유였다. 성·본 변경을 통해 친부 혹은 부계 친족과의 단절이라는 법률효과가 발생하는 것은 아니지만, 부계 친족, 특히 같은 생부에게서 태어난 친형제자매와 동성을 유지하는 것이 이들 간의 유대감 형성에 있어 중요성을 가진다고 전제되고 있다.[17]

3. 모 성 사용에 대한 불평등

신설된 성과 본 변경 제도는 2008년 1월 1일부터 시행되었는데, 시행 후 그 한 해 동안 16,525건[18]의 변경 허가 신청이 접수되어 위 제도의 필요성을 반증하였다. 그런데 민법은 성과 본을 변경할 수 있는 요건으로 '자의 복리를 위하여 자의 성과 본을 변경할 필요가 있는 때'라고만 추상적으로 규정하고 있어서 '자의 복리'를 포함하여 어떤 요소를 어떻게 심리하여 변경 허가 여부를 결정해야 하는지는

---

17 위선주 · 배은경, 위의 논문, 67면.

18 위선주 · 배은경, 앞의 논문, 47면.

학계와 실무의 연구에 맡겨져 있었다. 여러 학자들과 하급심 법관들의 노력을 통해 각 법원별로 구체적인 심리 지침을 마련하기도 하였으나 판단 기준의 실체적인 척도가 되는 대법원 판례는 시행 후 만 2년이 경과한 2009년 12월 31일에 제2009스23호 결정으로 내려졌다.[19]

올해로 시행 10년이 지난 성과 본 변경 제도는 위와 같은 과정을 겪으면서 안정적으로 운용되는 듯 보이지만 한국가정법률상담소의 성·본 변경에 대한 접수 통계(2008-2012년)를 보면 2008년에는 43건, 2009년 33건, 2010년 27건, 2011년 58건, 2012년 72건을 기록하고 있다.[20] 즉 꾸준히 성·본 변경에 대한 청구 사건이 증가하는 추이를 볼 수 있다. 전국의 법원별로 접수된 성·본 변경에 대한 사건 수를 보면 서울가정법원이 전국 법원 중 가장 많고 약 20% 이상의 사건이 성·본 변경에 대한 사건이다.[21] 그러므로 이혼율과 더불어 증가하는 재혼율 및 나날이 높아져 가는 성 평등 의식[22]과 더불어 성과

---

19 김유경, 앞의 논문, 212면.

20 한국가정법률상담소, 특집 "자의 성과 본 변경' 상담 통계 분석", 2013. 11., 5면 참고.

21 위선주·배은경, 앞의 논문, 47면.

22 혼인과 이혼
    – 2014년 여성의 평균 초혼 나이는 29.8세이며, 재혼 나이는 평균 43.0세
    – 2014년 여성의 평균 초혼 연령은 29.8세로 남성(32.4세)에 비해 2.6세 적으며, 평균 재혼 연령은 43.0세로 남성(47.1세)보다 4.1세 적게 나타남.

본 변경 제도의 근간이 되고 있는 부성주의 강제 원칙이 여전히 여성계의 비판을 받으면서 개정 논의[23]가 이어지고 있고, 2008년에 접

- 여성의 평균 초혼 연령은 1990년 이후 계속 늦어지고 있으며, 2000년(26.5세) 보다 3.3세 늦어짐
- 2014년 총 혼인 건수(30만 5천건), 총 이혼 건수(11만 5천건) 중 '4년 이하 함께 한 부부'의 이혼 비중은 23.5%, '20년 이상 함께 한 부부'는 28.7%로 나타남.
- 2011년까지 4년 이하 이혼 비중이 가장 컸지만, 이후 혼인 지속 기간이 20년 이상 부부의 이혼 비중이 더 커짐.

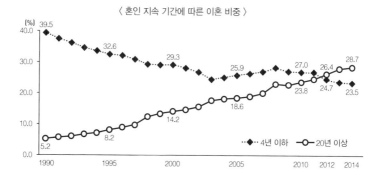

〈 혼인 지속 기간에 따른 이혼 비중 〉

【 평균 초혼 및 재혼 연령, 혼인 지속 기간①별 이혼 】

(단위 : 세, 천건, %)

	평균 초혼 연령		평균 재혼 연령		이혼 건수	계②	4년이하	5~9년	10~14년	15~19년	20년 이상
	여 성	남 성	여 성	남 성							
1990	24.8	27.8	34.0	38.8	45.7	100.0	39.5	29.2	18.2	7.9	5.2
2000	26.5	29.3	37.5	42.1	119.5	100.0	29.3	22.3	18.7	15.4	14.2
2005	27.7	30.9	39.6	44.1	128.0	100.0	25.9	22.3	18.4	14.8	18.6
2010	28.9	31.8	41.6	46.1	116.9	100.0	27.0	18.8	15.9	14.5	23.8
2014	29.8	32.4	43.0	47.1	115.5	100.0	23.5	19.0	14.1	14.7	28.7

주: ① 법적인 결혼(혼인)여부와 관계 없이 실제 결혼 생활 시작에서 이혼(별거)까지의 동거 기간, ② 미상 포함
(출처: 여성가족부, "2015 통계로 보는 여성의 삶", 통계청 보도자료, 2015, 14면).

수된 성 · 본 변경 신청 사건은 16,525건 중에 14,269건이 처리 되었
으며, 이 가운데 12,582건이 허가되었고 574건이 기각되어 88.2%의
인용률을 기록하였다. 기각된 사건을 보면 계부의 성으로 변경 청구
(41%)보다 모의 성으로의 청구(52%)가 더 많았다.[24] 전체 사건 가운데
모의 성 · 본으로의 변경 신청 건수가 더 적다는 점을 고려하면 모의
성 · 본으로의 변경 청구에 대한 기각률이 더 높다는 점을 확인할 수
있다.

　이러한 현상의 이유 가운데 하나는 여전히 이혼한 여성 및 모 성
사용에 대한 편견과 낙인이 지속되고 있기 때문으로, 이혼 또는 사별

---

[23]

가) 부계 혈족과 모계 혈족의 비교

	남	여	합계
똑같이 생각한다.	383명(72.81%)	253명(80.06%)	636명(75.53%)
부계 혈족이 더 중요하다.	104명(19.77%)	20명(6.33%)	124명(14.73%)
모계 혈족이 더 중요하다	90명(5.70%)	30명(9.49%)	60명(7.13%)
모르겠다.	9명(1.71%)	13명(4.11%)	22명(2.61%)

(출처: 김자영·강승묵, "가족법 개정과 대학생의 친족 및 성과 본에 대한 의식 변화 연구", 「전북대학교 법학연구」 통권
제34집, 2011. 12, 176면).

나) 성과 본의 변경

	남	여	합계
바꿀 수 있게 해서는 안 된다.	166명(31.56%)	32명(10.13%)	198명(23.52%)
바꿀 수 있게 해야 한다.	263명(50.00%)	217명(68.67%)	480명(57.01%)
모르겠다.	97명(18.44%)	67명(21.20%)	164명(19.48%)

(출처: 김자영·강승묵, 위의 논문, 182면).

[24]　김소영, "인용률 높은 성 · 본 변경 신청…개선점도 많다", 법률신문, 2009. 1., 1-2면.

후 재혼하지 않고 어머니의 성·본으로의 변경을 신청하는 경우 이는 자녀의 복리보다는 여성의 감정이 개입된 경우가 많다고 여겨지고 있다.[25]

예를 들어 법 시행 직후 서울가정법원은 '성·본 변경 신청 허가에 대한 심리 지침'에서 이혼 또는 사별한 후 재혼하지 않고 모의 성·본으로 변경하는 경우에는 자녀의 복리보다는 모의 감정이 개입된 경우가 많은 것으로 보고 구체적인 동기, 친부와 자녀와의 관계,[26] 자녀의 의사 등을 다양한 방법을 통해 심리한 후 '신중하게' 판단할 것을 지시했으며,[27] 다른 지방 법원에서도 '이혼 후 재혼하지 않은 상황에서 여성이 전남편에 대한 증오 등으로 자신의 성을 따르게 하는 경우 심사를 더욱 까다롭게 할 것'[28]이라고 밝힌 바 있다.[29] 여기에는 여성이 자녀의 성·본을 자신의 성·본으로 변경하고자 하는 것은 전남편에 대한 감정이 그 동기일 수 있다는 전제를 둔 것으로 해석된다.

---

25 신영호, 「로스쿨 가족법 강의」, 세창출판사, 2010, 68면; 위선주·배은경, 앞의 논문, 67면.

26 면접 교섭, 양육비 지급, 자녀 학대 경험 유무 등.

27 김소영, "새아버지와 동거 기간 오래면 성(姓) 변경 쉽다", 법률신문, 2008. 3., 1~2면.

28 손상원, "성·본 변경 허가 기준, 이렇습니다", 연합뉴스, 2008. 1,24., 1~2면.

29 반면 재혼 가정에서 계부가 성 변경을 신청한 경우에는 자녀의 복리를 최우선 순위에 놓고 자녀의 나이, 의사, 친부와의 교류, 재혼 가정의 결속력 등을 심리해 허가 여부를 검토 하겠다고 하였다(위선주·배은경, 앞의 논문, 68면).

실제 판례에서는 실생활에서 이미 모의 성으로 불리고 있음을 변경 허가를 구하는 사유 가운데 하나로 제시한 경우에 대한 기각 사유에서 이러한 편견을 찾아볼 수 있다. 모의 성을 사용하는 동기는 예를 들어 "자녀를 친부의 성으로 부르면 그와의 안 좋은 기억이 떠올라 자신과 친정 식구들이 심한 스트레스를 받는다."[30]는 등 자녀보다는 모와 관련되는 것으로 받아들여졌고 기각의 사유가 되었다. 어린 시절 부모의 이혼 후 자녀가 친부에 대해 좋지 않은 기억과 부정적인 인식을 갖고 있는 것에 대해 이혼 당시 자녀들의 나이(만 3세, 1세)[31,32]에 비추어 볼 때 이러한 기억과 인식은 모로부터 비롯되었을 가능성이 크다고 판단한 것도 같은 맥락이다.[33] 이 모든 사례들은 이혼한 여성에 대한 낙인, 즉 여성이 자녀의 복리가 아니라 자신의 욕구와 이

---

30 서울가정법원 2010. 10. 1. 선고 2010느단3739 판결.

31 가정 법원은 성과 본 변경 허가 신청이 있는 경우 부, 모 및 13세 이상인 자녀의 의견을 들을 수 있고, 자녀의 부모 중 자녀와 성과 본이 동일한 사람의 사망 그 밖의 사유로 의견을 들 을 수 없는 경우에는 자녀와 성과 본이 동일한 최근친 직계 존속의 의견을 들을 수 있다(가사소송규칙 제59조의 2 제2항). 의견을 듣는 방식에는 제한이 없으나, 당사자나 참고인으로 심문하거나 증인으로 신문할 수도 있다. 또한 가사 조사관으로 하여금 조사하여 보고하게 할 수도 있다. 실무상으로는 자가 13세 미만이나, 의사 표현 능력이 있는 경우에는 직접 작성한 진술서를 제출하게 하거나 재판부가 직접 심문하는 절차를 거치고 있다(오승이, "판례를 통해 본 자의 성과 본 변경 허가 판단 기준", 「젠더법학」, 제2권 제2호, 한국젠더법학, 2010, 54면).

32 러시아 가족법 제59조(자녀의 이름과 성의 변경) 제1항 "자녀가 16세 미만의 경우에는 부모의 공동 신청에 의하여 후견 및 보좌 기관이 자녀의 이익에 기하여 자녀의 이름의 변경을 허용하고 또한 자녀에게 주어진 성을 다른 부모의 성으로 변경하는 것을 허용하는 권리를 갖는다." 내용을 보면 우리나라와 마찬가지로 러시아도 16세 이상일 때는 자녀의 의견을 듣고 성 변경 허가 하는 것은 우리와 비슷하다고 볼 수 있다(금산법문화연구 편, 「러시아신가족법」, 금산법학 제2호, 세창출판사, 2000, 35면).

33 서울가정법원 2009. 1. 20. 선고 2008느단8878 판결.

해관계에 따라 이혼을 선택했고 또한 자녀를 온전히 자신의 것으로 만들고자 하는 이유에서 성 · 본 변경을 청구하고 있다는 인식에서 비롯된 것이라고 할 수 있을 것이다.

한편 모의 성 · 본으로의 변경 청구에서 여성의 재혼 가능성을 판단 기준 가운데 하나로 삼는 것은, 배우자 없는 모(single mom)에 대한 차별이라는 측면에서 그 의미를 검토할 필요가 있다. 재혼 가능성을 고려한 판례는 두 건이 있었는데, 한 건은 허가되고 다른 한 건은 기각되었다. 허가된 사례에서는 여성이 "재혼할 의사가 없으며, 혹시 재혼을 하게 되더라도 자녀의 성 · 본을 또 다시 변경하지 않고 자신의 성 · 본으로 계속해서 사용하겠다고 다짐하고 있다."는 점이 허가 사유 가운데 하나였다.[34] 기각된 사례에서는 여성은 아무런 의사를 밝히지 않았으나 법원이 나서서 "청구인의 나이(만 29세)를 고려하면 추후 재혼할 가능성도 배제할 수 없는 바 만약 청구인이 재혼한다면 자녀의 성과 본을 또 다시 변경할 필요성이 발생할 개연성이 높다."고 하여 청구를 기각하였다[35] 이 사례들에서는 이혼한 여성이 독자적으로 가구를 구성하여 자녀를 양육하는 것을 불안정한 상태로 파악

---

34 서울가정법원 2009. 5. 13. 선고 2009브35 판결; 위선주 · 배은경, 앞의 논문, 69면.

35 대구지방법원 가정지원 2012. 2. 1. 선고 2011느단3072 판결.

하여 배우자 없는 모를 비정상화하고 있으며, 여성의 혼인 및 가족생활의 자율성을 침해하고 있다.

모의 성·본으로의 변경 청구를 기각하는 사유 가운데 하나로 모 또는 모의 부계 친족과의 관계에서 실질적인 양육이 이루어지고 있다 하더라도 '모의 성·본과 자의 성·본이 다른 경우가 오히려 일반적이어서 모와 자녀의 성·본이 다르다 하여 자녀가 학교생활이나 사회생활에서 특별한 어려움을 겪을 것으로 보이지 않으며', 또한 '가족들 사이에도 성이 다를 수 있고',[36] "성이 같아야만 가족으로서의 유대감이 강화된다고 볼 수 없다."[37]고 제시하는 점은 특히 주목할 필요가 있다. 우선 "성이 같아야만 가족으로서의 유대감이 강화된다고 볼 수 없다."는 점은 앞서 기각 사유로 성·본 변경이 부 또는 부계 친족과의 관계 단절을 초래할 수 있다는 점을 내세운 사례들과는 명백하게 대조된다. 법원이 제시한 기각 사유 중 특히 중요한 것은 모와 자녀는 성·본이 다른 것이 일반적이기 때문에 이들이 같아지도록 변경하는 것은 오히려 자녀의 복리에 해가 된다는 주장이다. 즉 현실에 있어서 모 성의 사용 자체가 자녀의 복리에 반한다고 보는

---

36 외조모나 이모부, 외사촌 형제들과도 성이 다를 수 있다.
37 서울가정법원 2009. 1. 20. 선고 2008느단7614 판결; 서울가정법원 2009. 1. 22. 선고 2008느단6643 판결; 서울가정법원 2012. 9. 19. 선고 2012느단891 판결.

셈인데, 이는 실질적으로 모 성에 대한 차별을 내포한다. 실제로 지향해야 할 곳은 모 성의 사용이 부 성의 사용과 마찬가지의 지위를 획득하여 '비우호적인 호기심과 편견'의 대상이 되지 않도록 하는 것일 텐데, 판결은 거꾸로 가고 있는 것이다. 부성주의 원칙의 고수는 모 성의 사용을 예외로 규정하여 모 성에 대한 차별을 제도화하고 있다. "모의 성으로 바뀌더라도 사실상 계부의 성과 일치하지 않음으로써 여전히 불안한 상태에 놓일 수밖에 없다."고 하면서 모의 성·본으로의 변경 신청을 기각한 사례에서도 친부가 계부로 바뀌었을 뿐, 부성주의 원칙은 훼손되지 않고 있다. 즉 부계 혈통의 관념만 약화되었을 뿐, 가족의 상징적 동일성은 모가 아닌 부로부터 나온다는 원칙은 여전히 공고한 것이다.[38]

초혼에서의 이혼과 재혼에서의 남편의 가출로 인해 성이 다른 두 자녀를 양육하게 되면서 자녀들의 성을 어머니의 성으로 변경하였다가 나중에 다시 각자의 친부의 성으로 변경한 사례[39]는 가부장적 가족 질서가 법적이나 현실적으로 얼마나 공고하며 현재의 부성주의 원칙하에서 개별 여성의 의사가 얼마나 무력한지를 잘 보여준다. 첫

---

38 서울가정법원 2010. 4. 2. 선고 2010느단1754, 2010느단1755 판결: 위선주·배은경, 앞의 논문, 70면.

39 서울가정법원 2010. 4. 2. 선고 2010느단1754, 2010느단1755 판결.

째 아이가 만 15세가 되어 모가 자신의 의사와 무관하게 성·본을 바꾸어 친구들로부터 성이 바뀐 것에 대해 놀림을 받는다며 불만을 표시하자 모가 둘째 아이(만 7세)의 성·본도 본래 친부의 성·본으로 되돌려 놓는 것이 '앞으로 가정의 행복을 지키는 일이라고 생각'하여 다시 변경을 청구하였다. 이에 법원은 어떠한 판단 사유도 제시하지 않은 채 이 청구를 받아들였다. 친부의 가출로 인해 모에 의한 양육이 전적으로 예상되고 둘째 아이가 아직 어려 모의 성·본을 따르는 것이 편견에 노출되는 결과로 이어질 가능성이 적음에도 불구하고, 부성주의가 가정의 행복을 보장한다는 것이 의심 없이 인정되었던 것이다.[40]

결론적으로 모 성의 사용은 '실체적인 생활관계를 이루고 있는 양육자와 피양육자 간 일체감과 동질감 및 양육자의 양육 경험'[41]을 존중한다는 점에서 그 의미를 적극적으로 인정받아야 하지만, 현실에서는 자녀의 복리와 대립되는 것으로 받아들여지고 있고, 외부로부터의 낙인뿐 아니라 부성주의 원칙에의 순응 여부에 대한 내면에서의 검열까지 초래하고 있다. 차별을 제거하는 것이 아니라 사회 통념

---

40   위선주·배은경, 앞의 논문, 70면.

41   오승이, 앞의 논문, 58면.

이라는 이름으로 형성된 차별적인 상황을 그대로 둔 채 개인이 그 상황을 모면하게 하는 것을 자녀의 복리로 판단한다면, 모 성의 사용은 그 어떤 자녀에게도 구체적인 이익이 될 수 없으며 이는 다시 모 성의 사용에 대한 차별과 낙인을 강화하는 악순환의 고리를 만들어 낸다. 즉 자녀의 복리라는 명목 하에 가부장적 질서가 만들어낸 가족 구조가 공고화되는 것을 법원이 나서서 정당화하고 있는 것이다.[42]

4. 자녀와 모의 의사 반영에 대한 절하

양성평등에 반하는 부성주의의 사례 분석의 대상이 된 판례들 가운데 성년이 된 자녀 본인이 성·본 변경을 청구한 경우는 총 12건이었는데, 이 중 허가된 것은 단 한 건에 불과했다. 그것도 행정 착오로 호적과 주민등록상 성이 다르게 표기된 것을 바로잡는 것이어서 분석의 대상으로서의 의미는 없었다. 성년 자녀가 성·본 변경을 신청하는 사유는 대부분 부가 어린 시절부터 모 혹은 자신을 학대하거나 방임하여 그 고통으로부터 벗어나고자 하는 것이었다. 그러나 이러한 경우들은 '친부에 대한 좋지 않은 기억과 부정적인 인식을 극복

---

42   위선주·배은경, 앞의 논문, 71면.

하려는 주관적 목적'[43]으로 성 · 본 변경의 필요성이 있는 경우에 해당하지 않는다고 판단되었다. 또한 '성과 본의 변경으로 부와의 친족관계 단절이라는 법률 효과가 발생하지 않고', 자녀가 받은 고통은 '친부의 행위로 인한 것이지 친부의 성을 따름으로 인한 것은 아니'[44]라고 하여, 성 · 본의 변경이 부와의 관계 단절 내지 부양 단절을 초래할 수 있다고 우려를 표한 것과는 달리 이 경우들에서는 성 · 본 변경이 법률적 · 실체적 효과를 갖지 않는다고 하였다.

한편, 성년 자녀의 성 · 본 변경 청구에 대한 기각 사유로 '이미 성년자로서 상당한 기간 동안 부의 성을 따른 사회적 명칭을 사용함으로써 사회적 · 법률적 관계를 형성 내지 유지하여 온 점'[45]이 매우 중요하게 작용하고 있는데, '자녀의 복리'의 기준을 제시한 대법원의 판례[46]가 "성 · 본 변경으로 인한 사회적 혼란 우려 등을 이유로 법률에서 정한 요건 외의 다른 사유를 들어 성 · 본 변경 청구를 불허하는

---

43   서울가정법원 2009. 1. 22. 선고 2008느단7093 판결.

44   서울가정법원 2009. 1. 20. 선고 2008느단7201 판결; 서울가정법원 2009. 1. 22. 선고 2008느단5187 판결.

45   서울가정법원 2009. 1. 20. 선고 2008느단8776 판결.

46   이 사례는 모의 성 · 본으로의 변경 청구가 기각된 후 항고, 재항고를 거쳐 대법원에서 허가 결정이 내려진 사례로, "자녀들의 친권자 및 양육자로서 이들을 누구보다 사랑하며 가장 잘 이해한다고 볼 수 있는 모가 자녀들을 위하여 그 성과 본의 변경을 청구하고 있다."고 하여 실제 양육자의 의사를 존중하였다는 점에서 판결의 의의를 높이 살 필요가 있다(대법원 2010. 3. 3. 선고 2009스133 판결).

것은 위법하여 허용될 수 없다."는 취지였음을 고려하면 기각 사유로 사회적 · 법률적 안정성을 내세우는 것은 수긍하기 어렵다.[47] 한편 성년 자녀의 성 · 본 변경 청구 가운데에는 부모 양성으로의 변경을 청구한 사례[48]도 있었는데, 이 사례는 비록 기각되었지만 부와 모의 혈통을 함께 성으로 표시하는 것을 법적으로 인정받고자 하는 시도가 이루어진 것으로 그 자체에 의의가 있는 것이다.

또한 자녀가 성년일 경우에는 자녀의 의사가 주관적인 것이라 하여 성 · 본 변경 신청이 기각되고, 자녀가 어릴 경우에는 '성 · 본의 변경에 관하여 자신의 의사를 결정하거나 표현할 능력이 부족'하다는 이유로 기각되는 경우가 많았다. 자녀의 의사가 존중되는 경우는 자녀가 중 · 고등학생 정도로, 자신의 의사를 신중히 표현할 수 있는 연령에 도달했지만 아직 책임 있는 성인으로서의 생활을 시작하기 전인 경우가 대부분이었다.[49]

분석에 사용된 판례 가운데 친부의 의사가 판단의 근거 중 하나로 제시된 경우는 전체의 절반 이상에 달했으나, 모의 의사가 다루어진

---

47 서경환, "자의 성과 본의 변경 허가 판단 기준", 「대법원 판례 해설 81집」, 법원도서관, 2009, 635면; 오승이, 앞의 논문, 42면.

48 의정부지방법원 2011. 11. 14. 선고 2011느단1510 판결.

49 위선주 · 배은경, 앞의 논문, 72면.

경우는 10여 건에 불과했고 그 가운데 성·본 변경이 허가된 경우는 단 한 건이었다.[50] 전반적으로 자녀의 친권자 및 양육자로서 실질적으로 양육을 담당하고 있는 모의 의사는 친부의 의사에 비해 그 중요성을 인정받지 못하고 있으며, 또한 모의 의사가 고려된다 하더라도 그것은 모의 욕구를 만족시키기 위한 것으로서 부정적으로 다루어지고 있다고 볼 수밖에 없다.[51]

Ⅲ. 다문화 가족에서의 성씨 제도의 양성평등

1. 준거법

성은 개인을 호칭하는 일부로서 그자의 혈통 내지는 가족 집단을 표시하고 이름과 결합하여 개인의 동일성을 표시하는 기능을 가진다. 국제적 요소를 가지는 성의 취득, 사용 내지 변경은 종래부터 국제 사법이 지정하는 준거법에 의하여 결정된다고 해석하였다.[52] 성은 신분 관계의 변동 없이 본인의 의사에 기해서 결정되는 경우와 친자

---

50 대법원 2010. 3. 3. 선고 2009스133 판결.

51 위선주·배은경, 앞의 논문, 73면.

52 島野穹子, "氏の準據法と戸籍について", ジュリスト 増刊 法律學の爭點シリーズ 8号 130頁 (1980. 4).

또는 부부 관계의 성립에 의해서 취득 또는 변경되는 경우가 있는데 국제 호적 실무에서 문제가 된 것은 첫째, 부모 중 일방이 외국인인 경우 그 출생자에 대한 성은 부모 중 어느 쪽의 본국법에 따라 결정되는지 둘째, 우리나라 사람과 외국인 사이에 혼인, 인지, 입양 등을 하는 경우 성씨 지위가 어떻게 되는지 등이다.[53]

가. 출생자의 성씨 준거법

출생에 의한 성의 취득은 부부 동성의 법제 하에서 그 부모의 성을 당연히 취득하는 나라, 부부 별성의 법제 하에서 부의 성을 취득하는 나라 또는 당사자의 선택에 의해 취득하는 나라, 부부 결합 성의 법제 하에서 그 결합된 성을 취득하는 나라 등 각각 여러 가지의 입법 예가 있다. 이와 같은 여러 가지의 입법 예 가운데 자의 부모의 일방이 외국인인 경우 그 출생자는 어느 나라 법에 의해 성이 결정되는지 문제가 된다. 성은 이름과 결합하여 국가가 자국민을 관리하는 등록부(호적, 여권 등)의 대상이 되는 공적인 측면이 있기 때문에 국제 사법이 개입할 여지가 없이 본인의 본국법의 공법에 의한다는 견해가 있고 출생자의 성은 일종의 인격권에 속하는 것으로서 출생자 본인의

---

53   석동현, "국제 가사 사건을 다루는 법률가들께 드리는 고언(苦言)", 「가족법연구」 제30권 제1호, 한국가족법학회, 2016, 120–121면.

본국법에 의한다는 견해가 있는데 후설이 통상적인 견해이다.[54] 국제 가족 등록 실무에서도 통설의 견해에 따라 우리나라 민법 제781조 제1항 및 제2항, 제4항 규정에 의하여 부 또는 모의 성과 본을 따를 수 있도록 하고 있다.[55] 그래서 출생자는 부의 성을 따르든 모의 성과 본을 따르든 자유롭게 선택하여 사용할 수 있다. 문제는 모의 성과 본을 따라 출생 신고한 후 부의 성과 본으로 변경하고자 하는 경우에 우리 민법과 호적법에 이를 변경할 수 있는 규정이 없기 때문에 불가능하다는 것이다. 오늘날 세계 각국의 입법 예는 자녀의 복리를 위하여 필요하다고 인정되는 경우에 자녀의 성을 변경할 수 있도록 허용하는 것이 보편적인 경향인데 한국인 모의 성과 본을 따라 출생 신고하여 가족 관계 등록에 등재된 경우, 출생자가 외국인 부와 외국에서 생활하기 때문에 외국의 신분 등록부에 부의 성을 따라 외국식으로 등록하여 그 표기가 한국 가족 관계 등록과 달라 불편하다는 것이다. 즉 여권은 모의 성과 본에 따라 한국식으로 표기하고 외국에서 신분 등록부상의 표기와 통칭은 부의 성을 따라 외국식으

---

54 島野穹子 前揭論文 130頁; 竹澤雅二郎, "涉外戸籍事件における氏名の性質と準據法 について", 戸籍 449號 23頁 (1982. 3); 渡邊惺之, "涉外親子關係との子の準據法 涉外親子關係と子の氏の準據法", 判例タイムズ 臨時增刊 夫婦・親子215題 42卷 7號 (1991. 3) 469頁.

55 법원행정처, 「가족관계등록실무편람」, 2014, 559면.

로 하기 때문이다.[56]

나. 가족 관계 변동에 따른 성씨 준거법

우리나라 사람이 외국인과 신분 행위를 하는 경우 성이 변경은 문제가 된다. 즉 성 변경에 대한 준거법 지정은 어떻게 하여야 하는지에 관한 문제이다. 국제 가족 등록 실무에서는 외국에서 외국법 방식에 따라 혼인하였다는 증서 등본을 제출하면서 종전의 성에서 결혼 후의 성으로 기재하여 달라고 신청한다.[57]

(1) 학 설

첫째, 신분 관계 효력의 준거법에 따라야 한다는 견해이다. 성의 취득 또는 변경은 신분 관계 변동에 따라 일어나는 문제이므로 신분 관계의 효력의 준거법에 따르는 것이 당연하다.[58] 이 견해에 따르면 혼인을 하는 때에는 국제 사법 제37조, 입양을 하는 때에는 국제 사법 제43조에서 정해진 법에 따르게 된다. 둘째, 본인의 본국법에 따

---

56 김상용, 「개정 민법 해설」, 법조, 2005, 121면.

57 석동현, 앞의 논문, 120면.

58 신창선, 「국제 사법」, 학우, 2002, 387면; 서희원, 「국제 사법 강의」, 일조각, 1997, 272면; 山田鐐一 『國際私法』 417頁 (有斐閣 2003).

라야 한다는 견해이다.[59] 성은 본인의 인격에 의해 발생하는 직접적인 권리이므로 성을 소유하고 있는 자의 법률이 부과하고 있는 조건에 따라야 한다는 견해이다. 셋째, 당사자 국적의 소속국 공법에 따라야 한다는 견해이다. 성명은 국가가 관리하는 신분 등록부에 표시하는 명칭이므로 사법적 영역이 아니라 공법적 영역에 관한 문제라는 것이다.[60]

(2) 가족 관계 예규에서의 문제점

외국인 부가 귀화하여 한국 국적을 취득하면서 한국식 성과 본을 창설한 이후에 출생하는 혼인 중의 자녀의 성과 본에 대해서는 관련 법령에 어떠한 규정도 두고 있지 아니하다. 가족 관계 등록 예규 제414호 제11조는 '부가 외국인인 경우'를 규정하고 있으므로 이미 귀화하여 한국 국적을 취득한 이후에는 엄밀하게 보면 이 조항은 적용될 수 없다. 따라서 가족 관계 등록 예규 제414호 제11조 제3항의 "혼인 중의 출생자의 부가 외국인이고 모가 대한민국 국민인 경우… 〈중략〉…민법 제781조 제2항에 따라 그 자녀는 모의 성과 본을 따를

---

59   윤종진, 「현대 국제 사법」, 한올, 2003, 442면; 溜池良夫 『國際私法講義』 304頁 (有斐閣 1999).
60   안구환, "국제 호적의 몇 가지 문제점–중요 신분 행위의 쟁점 사항을 중심으로", 「국제사법연구」 제12호, 한국국제사법학회, 2006. 12., 126면.

수 있다."는 규정은 적용될 수 없다. 그렇다면 결국 외국인 부가 귀화하여 한국인이 된 경우에는 출생 신고 시에 모의 성과 본을 따라서 신고하는 것은 불가능하다. 문제는 외국인 부가 귀화하기 전에는 자녀의 출생 신고 시에 모의 성과 본을 따를 수 있으므로,[61] 혼인 신고 시에 자녀의 성과 본을 모의 성과 본을 따르기로 협의할 필요를 느끼지 아니하거나 또는 다문화 가정에서 민법뿐만 아니라 가족 관계 등록 예규 제414호와 같은 극히 세부적이고 지엽적인 규정들까지는 익숙하지 않아서 혼인 신고 시에 제781조 제1항 단서에 따라 모의 성을 따르는 협의를 할 가능성은 매우 낮은 것이 현실이다. 제781조 제1항 단서의 협의가 없는 상태에서 외국인 부가 귀화하여 한국인이 되고 나서 자녀를 출산하면 제781조 제1항 단서의 적용도 불가능하고 제781조 제2항의 적용도 불가능하게 되어 그 자녀는 제781조 제1항 본문에 따라 귀화한 부의 성과 본을 따라야만 하는 문제가 발생한다. 이는 결국 형제자매의 성과 본의 불일치 현상으로 귀결되게 될 것이다.[62]

현행 가족 관계 등록 예규 제414호는 '부가 외국인인 경우'를 전

---

61 보통의 일반인이 세부적인 가족 관계 등록 예규 제414호까지는 모른다고 해도, 민법에서 제781조 제2항으로 명시하고 있으므로 어머니의 성과 본을 따를 수 있음이 널리 인식될 가능성이 있다.

62 오병철, "자녀의 성과 본에 대한 연구–다문화 가정을 중심으로", 「가족법연구」 제30권 제1호, 한국가족법학회, 2016, 46–47면.

제로 하므로, 귀화하여 한국 국적을 취득한 후 자녀가 태어나면 부가
한국인이므로 해당 조항의 적용이 불가능해지는 문제가 있다. 따라
서 가족 관계 등록 예규 제414호를 개정하여 '부가 외국인이거나 외
국인이었던 경우'로 적용 범위를 넓히면, 부의 귀화와 성과 본의 창
설 이후에 태어나는 자녀의 출생 신고 시에 모의 성과 본을 선택할
수 있는 명확한 법적 근거를 마련하게 될 것이다. 이로써 다문화 가
정의 자녀의 성과 본이 각각 불일치하는 현상을 사전에 방지할 수 있
게 된다.[63]

2. 부가 외국인인 자의 성씨 문제

부성주의가 유지되는 한도에서는 부가 한국인인 경우 한국식 성과
본을 자녀에게 따르게 하는 것이 자연스럽게 받아들여지게 되지만,
반대로 부가 외국인인 경우에는 자녀에게 외국인 부의 성을 따르는
것이 기본이 되므로 자녀로서는 우리나라에서 일상생활을 하는데 상
당한 이질감을 느끼게 된다. 그래서 부가 외국인인 경우에 한하여 부
성주의의 예외 사유를 특별히 허용하면서 한국인의 성과 본을 상대
적으로 우대하고 있는데 그에 관한 내용으로 첫째는 한국인 모의 성

---

63 오병철, 위의 논문, 46-47면.

과 본을 따르는 결정을 출생 전의 혼인 신고 시가 아니라 출생 후의 출생 신고 시에 할 수 있도록 하였고, 설령 훗날 외국인 아버지가 한국으로 귀화하여 한국식 성과 본을 창설하더라도 자녀의 성과 본은 그대로 모의 성과 본으로 유지된다. 둘째는 한국인 모가 혼인 외의 자를 출산하는 경우에 부라고 인정하는 사람이 한국인이라면 인지하기 이전이라도 부의 성과 본을 따라 가족 관계 등록을 할 수 있으나, 만약 부라고 인정하는 사람이 외국인이면 반드시 모의 성과 본을 따라 가족 관계 등록을 해야만 한다. 결론적으로 부가 외국인인 자의 성씨 문제에 관해 예외적으로 허용하고 있기는 하지만 보다 부성주의를 완화하여 성과 본을 따를 수 있는 기회를 대폭 확대해야 한다.[64]

3. 국제결혼에서의 외국인의 성씨 지위

한국인과 외국인 간의 국제결혼에 있어서 유럽, 북미, 동남아, 아시아 지역 등으로 대표되는 중국이나 동남아 등의 개발국 외국인과 한국인 간의 결혼이 급증하고 있다. 이들 간의 결혼이 증가한 것은 결혼을 이주를 위한 합법적인 수단으로 활용하려는 공급자의 요구와 자국 내 결혼 시장에서는 상대자를 찾을 수 없는 일부 하위 계층의

---

64   오병철, 앞의 논문, 43면.

한국인들의 이해가 결합된 결과라고 볼 수 있다. 중요한 점은 거래로서의 결혼이 국제결혼의 상품화와 결합되면서 문제를 발생시키고 있다는 점이다. 거래로서의 결혼은 경제적 불평등을 전제를 하는 것이며 경제적 불평등은 권력 관계를 필연적으로 발생시킨다는 점에 문제가 있다. 이런 권력 관계의 발생 속에서 외국인은 열악하고 약한 위치에 놓이게 된다.[65]

이런 상황에 놓여 있는 외국인들은 한국인 배우자의 폭력이나 학대 등에 그대로 노출되며, 이를 제어할 수 있는 수단을 잘 모르고 있어 자에게도 악영향을 미치게 된다. 이런 상황에서 이혼을 하게 되면 자에 대한 문제점이 생기게 되는데, 배우자의 나라로 돌아가게 되면 자녀의 면접 및 양육, 성의 문제가 발생하게 된다. 한국인 배우자가 남편이고 남편이 자녀를 양육한다면 성에 문제가 발생하지 않지만, 배우자가 외국인 아내일 때 면접과 성의 문제가 발생하게 된다. 따라서 국제화 시대에 국제결혼이 증가 추세에 있는 만큼 국제결혼을 통해 태어난 자녀에 대한 국제법의 논의가 요구된다.[66]

국제결혼은 인종, 언어, 종교 그리고 관습이 다른 남녀 간의 결합

---

65 김상찬 · 김유정, "국제결혼 이주 여성의 인권 보호를 위한 법적 과제", 「법학연구」 제43권, 한국법학회, 2011, 320–321면.
66 석동현, "가족법과 국적의 문제", 「국제사법연구」 제12호, 한국국제사법학회, 2006, 214–230면.

으로 우리 사회에서 오랜 기간 환영 받지 못했다. 그 이유는 혈연 중심적 가족주의가 기반이 된 혈통에 대한 집착과 한국 현대사의 어두운 측면 때문인 것으로 보이나, 이런 경향은 한국 사회의 다양화와 경제 성장 등을 배경으로 서서히 무너지고 있고, 국제 사회 시대에 특히 국제결혼을 통한 자녀에 대한 법이 잘 정비되어 있지 않아, 현 시점에서 국제결혼을 통해 피해를 받는 외국인 자녀에 대한 논의가 요구되며 이는 자유주의적 관점과 여권주의적 관점에서 논의될 여지가 있다.[67]

우선 국제결혼의 성립과 해소, 국적 취득에 대한 법적 구조와 문제점에 대해 고려해 보아야 하며, 이상의 문제를 해결하기 위한 정책 방안으로 가족 형성의 자유 보장을 위한 체류 특별 허가 제도의 도입 방안, 국적 취득 조건의 완화를 위한 국적법 개정 방향 등을 검토하여 볼 필요가 있다.[68]

---

67 김기현, "국제결혼 다문화 이주 여성의 인권 보호 방안", 「인권복지연구」 제7호, 한국인권사회복지학회, 2010, 11면.

68 변화순, "가족 사회학적 관점에서 본 가족법의 변화와 전망", 「법학연구」 제17권 제3호, 연세대학교 법학연구원, 2007, 238-239면.

제2절 성씨 제도에서의 양성평등에 대한 자의 권리

Ⅰ. 헌법적 고찰

1. 자의 권리에 관한 헌법적 논의

현행 헌법은 제36조 제1항에서 "혼인과 가족생활은 개인의 존엄과 양성의 평등을 기초로 성립되고 유지되어야 하며, 국가는 이를 보장한다."라고 규정하고 있으며,[69] 개인은 존엄성을 가진 인격적 주체로서, 자율적으로 삶을 결정하고 동시에 사회 공동체에 적응할 수 있는 인간상으로 상정하고 있다.[70] 이러한 헌법적 인간상은 성년에 이

---

69 혼인과 가족에 관한 국가적인 보호는 제헌 헌법에서부터 규정되어 왔다. 즉 제헌 헌법은 제20조에서 "혼인은 남녀 동권을 기본으로 하며 혼인의 순결과 가족의 건강은 국가의 특별한 보호를 받는다."라고 규정하고 있다. 여기서 가족의 건강에 대한 특별한 보호라는 것은 건강한 가족생활을 위한 주택 문제, 많은 자녀를 가진 사람에 대한 보수의 증급 등의 문제를 각각의 국민 개인에게 맡기지 않고 국가가 적극적으로 이를 위해 노력하여야 한다는 것을 의미한다고 한다(유진오, 「신고 헌법해의」, 일조각, 1953, 87면; 고경호, "헌법상 복리 이념에 기초한 친권에 관한 연구", 중앙대학교 대학원 박사학위, 1999, 26면; 배윤주, "아동·청소년의 권리에 관한 연구", 이화여자대학교 대학원 석사학위, 2014, 20면; 이정식, "아동 복지법제상 아동의 권리에 관한 고찰," 「명지법학」 제6호, 명지대학교 법학연구소, 2007, 212면; 정극원, "헌법상 장애인과 아동의 기본권 보장과 그 개정 방안", 「세계헌법연구」 제16권 제3호, 세계헌법학회 한국학회, 2010, 171면).

70 고경호, "미성년자의 복리에 관한 헌법 이념", 「학술논집」 제28집, 원주대학, 1997, 6면; 김보람, "성의 변경

른 국민에게는 하나의 의제에 불과한 것일 수도 있지만 미성년의 국

민에게 있어서는 자기 판단 · 자기 결정 · 자기 책임 능력과 공동체

생활에 대한 적응력을 갖춘 인격체로 성장할 수 있도록 국가는 이러

한 성장 방향을 위해 미성년인 자[71]를 보호하여야 한다.[72]

　우리 사회에서 아동은 완벽한 성인 혹은 한 사회의 구성원으로

서의 자격을 아직 구비하지 못한 존재로,[73] 자의 최선의 이익(best

interests of the child)[74] 또는 자의 복리를 우선적으로 고려 결정되고 있

에 관한 자의 권리", 숙명여자대학교 대학원 석사학위, 2009, 53면.

71　자의 권리에 대한 논의를 위해 자의 범위를 한정해야 할 필요가 있다. 우리 민법 제4조는 법적 행위를 독자
　　적으로 유효하게 할 수 있는 때를 19세로 보고, 19세 미만의 자를 가리켜 미성년자라 규정하고 있다. 또한
　　보호가 필요한 아동 또는 청소년이라는 개념은 개별 법률마다 그 연령 구분에 차이가 있지만 본 논문에서
　　일컫는 가정에서의 자는 부모의 친권 행사가 중대한 영향을 미치는 미성년인 자이고 성에 관하여는 민법
　　이 규정하고 있기 때문에 민법상의 미성년 연령 기준인 19세 미만의 자(者)를 자(子)로 상정하기로 한다.

72　김선택, "아동 · 청소년 보호의 헌법적 기초—미성년 아동 · 청소년의 헌법적 지위와 부모의 양육권", 「헌법
　　논집」 제8집, 헌법재판소, 1997, 93~94면.

73　김보람, 앞의 논문, 53면.

74　국가 기관 등이 아동에 어떠한 영향을 미칠 수 있는 공식적 결정을 할 때에는 아동의 이익이 중요하게 고
　　려되어야 하며, 부모 또는 국가의 이익만이 전적으로 중요성을 가지고 평가되어서는 안 된다는 것을 의미
　　한다. 최선의 이익은 아동이 처한 인적 · 사회적 · 경제적 상황에 따라 다르고 자녀의 최선의 이익이 무엇
　　인가에 대한 인식이 다르기 때문에 이를 실제로 적용하는 데 어려움이 있으며, 아동 권리에 관한 위원회가
　　결성되어 각국의 법과 판례를 평가하는 것은 어려운 일이다. 그럼에도 이 원칙이 협약 내의 여러 다른 중
　　요한 국제 인권 문서에서도 강조되고 있음에 주목할 필요가 있다. 협약 내에서는 아동이 가족으로부터 분
　　리되는 경우에 관한 제9조: 아동의 양육과 발전을 위한 부모의 책임에 관한 제18조: 입양과 관습에 관한
　　제20조와 21조 그리고 아동이 경찰과 재판에 연루된 경우에 관한 제37조와 제40조에서 이 원칙을 다시
　　강조하고 있으며, 국제 인권 문서로는 아동 권리 선언(1959년)과 여성 차별 철폐(1979년)에서도 이 원칙이
　　선언되고 있음은, 이 원칙에 비록 추상적으로 규정되어 있지만, 그 만큼 중요한 의미가 있음을 시사하는 것
　　이다(이화숙, "자녀의 최선의 이익 원칙에 비추어 본 가족법상 자녀의 복리", 「사법」, 사법연구지원재단, 2009, 9~10
　　면).

어야 한다.[75] 단순히 보호하고 육성해야 할 대상으로 인식하고 있기 때문에 아동은 권리의 주체성을 인정받지 못하여 여러 형태로 권리를 침해 받고 있다. 즉 아동을 권리의 주체가 아닌 객체로서 바라보는 기존 우리 사회의 인식은, 모든 인간은 자유롭게 결정하고 그에 대해서 스스로 책임을 질 수 있는 존엄하고 가치 있는 존재로 모든 기본권의 주체가 될 수 있다는 기본권의 본질에 반하여 아동에 대한 차별을 정당화 시키는 논리로써 작용하고 있는 것이다.[76] 물론 자의 복리 원칙에 기초하면서 개개의 문제에 대응하여 일반 원칙을 도출해 가면 되지만[77] 아동은 완전한 성인이 아니고 성인과 다른 아동만의 특징을 가지고 권리의 주체로서 직접 권리를 행사함에 있어 누군가의 조력이 필요한 존재임을 부인할 수 없다.[78] 특히 자녀는 보호와 양육을 '자연적으로' 필요로 하는 존재이다.[79] 인간이라는 존재는 주지하다시피 그 성장에 있어 매우 특이한 존재이다. 아동은 가정 내에서 보호 대상이며 사회적 약자로서의 아동의 지위와 아동의 의사와

---

75 이준영, "미국에서의 친권 결정에 관한 연구", 「비교사법」 제16권 제1호(통권44호), 한국비교사법학회, 2009, 163면.

76 이준일, "어린이와 청소년의 기본권", 「공법연구」 제30집 제5호, 한국공법학회, 2002, 1~4면.

77 박복순, "자녀 양육비 확보 제도에 관한 연구", 전남대학교 대학원 박사학위, 2004, 28면.

78 권형준, "어린이의 기본권에 관한 고찰–특히 UN 어린이 권리 협약을 중심으로", 「헌법학연구」 제4집 제2호, 한국헌법학회, 1998, 98~99면.

79 고경호, 앞의 논문(주69), 44면.

상관없이 변하는 가정 환경, 혈연에 의한 자연적 관계를 특징으로 하는 가족 관계의 특성 등으로 아동이 가정생활 영역에서 권리 주체로 인정받는 것은 쉬운 일이 아니다. 그러나 완전한 성인이 아니라고 해서 아동의 권리가 무제한적으로 제한되어서는 안 되고, 어느 시점까지 다른 이의 도움이나 간섭을 통해서 권리 행사의 제한을 받아야 하는지의 문제로 아동의 기본권 주체성과 관련된 문제를 살펴볼 필요가 있다.

2. 자의 기본권 행사 능력

가. 기본권 주체로서의 자

헌법상 자녀의 주관적 권리를 문헌상 구체적으로 명시한 규정은 찾아 볼 수 없다.[80] 하지만 기본권 주체의 문제는 누가 기본권을 주장할 수 있는 권리를 가진 자인가의 문제로, 기본권의 주체는 자연인과 법인으로 나누어지는데 자연인이 기본권의 주체가 된다는 데에는 이의가 존재하지 않으며 아동이 자연인에 속한다는 사실 역시 다르지 않다. 따라서 자연인인 동시에 대한민국의 국적을 가진 사람인 아동

---

80 미성년 자녀의 권리를 헌법에 명사하는 것도 입법론적으로 의미 있는 일이 될 것이다(고경호, 앞의 논문(주 69), 48면).

이 기본권의 주체가 됨은 당연한 일이다.[81]

헌법은 기본권 편의 서두에서 "모든 국민은 인간으로서의 존엄과 가치를 가지며, 행복을 추구할 권리를 가진다. 국가는 개인이 가지는 불가침의 기본적 인권을 확인하고 이를 보장할 의무를 진다(헌법 제10조)."고 규정한다. 여기에 인간으로서의 존엄과 가치라는 헌법 최고의 이념이 규정되어 있다는 데에는 다툼이 없다.[82] 인간으로서의 존엄과 가치가 객관적 – 법적 의미의 이념적 성격을 넘어서 주관적 권리로서의 성격을 가지는 것인지, 나아가 후단의 행복 추구권이 어떠한 내용의 권리인지에 대하여는 의견이 분분하다. 한편으로는 인간으로서의 존엄과 가치가 주관적 권리로서의 성격도 가질 수 있다고 보는데, 다만 주관적 권리로서 보호하는 내용이 인격적 핵심 영역에 관련되는 매우 좁은 범위로 국한되어야 할 것으로 본다. 주관적 권리로서 이해된 인간으로서의 존엄과 가치는 그 보호 내용에 있어서 매우 중요한 것은 틀림없으나 그 범위의 협소함으로 인하여 실무상 빈번하게 문제되긴 어려울 것이다.

헌재는 아마도 인간으로서의 존엄과 가치에서 일반적인 인격권의

---

81 계희열, 「헌법학(중)」, 박영사, 2007, 59면.

82 김지현, "혼인 · 가족 형태의 다양화와 헌법적 대응", 고려대학교 대학원 석사학위, 2010, 40면.

보장을 보는 듯한데, 그보다는 인간으로서의 존엄과 가치에 의해 지시된 보호 범주와 관련한 행복 추구권의 보장으로서 일반적 인격권을 이해하는 것이 타당하리라고 보는 견해가 있다.[83] 따라서 인간의 존엄과 가치는 헌법의 핵심 가치로서 헌법에 의하여 형성되는 국가질서에 있어서 인간이 어떠한 목적이나 타인의 권리 실현을 위한 수단이나 도구로 전락해서는 안 된다는 것을 의미한다. 그러므로 인간으로서 아동인 자 역시 헌법상 기본권 주체성을 가지게 된다.[84,85]

나. 자의 기본권 행사 능력

자의 기본권 주체성이 인정된다 하더라도 헌법상의 모든 기본권을 자가 행사할 수 있는 것은 아니다. 언급했듯이, 아동은 성인과는 다른 신체적 · 정신적 미성숙으로 인하여 특정한 기본권을 행사함에 있어서 헌법이나 법률의 연령 제한 규정 등으로 인해 제한 받게 되고 기본권의 내용에 따라 차별을 받을 수밖에 없기 때문이다. 그러나 이러

---

[83] 고경호, 앞의 논문(주69), 49면.

[84] 권영복, "아동의 권리에 대한 법적 고찰—아동 인권론의 방향과 아동 권리 협약의 국내법적 효력을 중심으로", 「아태공법연구」 제11집, 아세아태평양공법학회, 2003, 273–275면 참고.

[85] '인격체로 성장할 권리'의 아이디어는 Stefan Engels에게서 따온 것으로 독일 기본법 제1조 제1항 '인간의 존엄'과 제2조 제1항 '인격의 자유 발언권'이 결합하여 아동 · 청소년에 대하여 '인격체로 성장할 권리'를 보장한다는 주장을 펴고 있다(김선택, 앞의 논문, 100면).

한 차별은 어디까지나 그 차별의 결과가 자기 자신에게 더 이익이 되는 방향으로 나타날 때 정당화되는 것이므로 자의 기본권 행사의 제한은 면밀한 검토가 필요하며, 기본권 행사 능력에 관하여 모든 기본권에 타당한 획일적인 기준을 정할 수는 없기 때문에 자의 기본권 행사 능력은 그 행위 능력에 관한 개별 법률 규정으로 이를 간접적으로 판단하게 된다. 따라서 입법자는 자의 기본권 행사 능력을 고려하여 이를 바탕으로 기본권의 내용에 따라 상이한 기본권 행사 능력의 기준을 마련하여야 한다.[86] 가령 기본권 보호 영역이 법률 행위 능력과 관련되는 경우 일반 법률의 규정을 따를 수 있고,[87] 기본권 보호 영역이 자연적 행위 능력과 관련되는 경우의 기본권 행사 능력은 구체적인 정신적·육체적 능력에 따라 결정되어야 할 것이다.[88]

다. 자의 기본권 행사와 부모·국가 관계

헌법 제36조 제1항은 혼인과 가족생활의 자유를 보장하고 있는데 이는 인간의 존엄성 존중과 민주주의 원리에 따라 가족 제도를 국가가 보장하여야 한다는 것을 천명한 것이다. 과거에는 이러한 논의가

---

86 김철수, 「헌법학 개론」, 박영사, 2007, 377–379면.
87 예컨대, 재산권의 보장이나 직업의 자유는 사법 규정에 따를 수 있다(김보람, 앞의 논문, 56면).
88 김보람, 위의 논문, 56면.

부모 간의 평등한 혼인 생활에 대해서만 주목되어 왔으나 가족의 변천과 함께 가족 안에서 자녀의 법적 지위가 향상되었기 때문에 헌법 제36조 제1항의 해석은 특히 자녀의 인격 발현을 보장하는데 주안점을 두어야 한다는 것이 이 조항이 가지는 현대적 의미라고 할 수 있다.[89] 자에 대한 부모의 권리는 절대적인 것이 아니고 부모에게 있는 기본적인 권리는 자에게도 인정되어야 하며 자의 이익 역시 평등하게 보장되어야 한다. 그러나 미성년인 자의 권리는 일정 부분에서 제한이 불가피하기 때문에[90] 자의 권리에 대한 헌법적 보호의 요청은 성인의 경우보다 더 절실하며, 특히 제한되는 자녀의 권리를 대신 행사하는 부모와의 관계에서 더 그러하다. 자가 권리를 행사함에 있어 자의 복리에 맞게 행사하도록 유도하는 역할을 하는 것이 부모인데 자의 권리 행사가 부모의 이익과 충돌하는 경우가 발생할 수 있기 때문이다.[91] 자의 이익이 부모에 의해 침해되는 경우, 자의 자율이라는 요구와 부모의 양육권 내지는 가족의 자율성 보호라는 요구가 서로 충돌하게 되는데 이때 자의 자율성이라는 요청을 강조하게 된다면

---

89 임규철, "가족의 헌법상 의미에 관한 비판적 고찰", 「헌법학연구」 제9집 제1호, 한국헌법학회, 2003, 459-462면; 고경호, 앞의 논문(주69), 60면.

90 미성숙한 자(子) 권리 존중이 오히려 자의 복리에 반하는 결과를 초래할 수 있지만, 가사 소송 규칙 제59조의2 제2항에 의하면 자의 의사는 13세 이상의 의견을 들을 수 있도록 자의 의견을 존중하고 있다.

91 김명숙, "자의 복리와 친권, 자의 권리", 「안암법학」 제28권, 안암법학회, 2009, 84면.

부모의 양육권과 가족의 자율성의 보호라는 요청을 침해하게 될 수 있고, 반면 부모의 양육권 내지는 친권을 강조하게 되면 아동의 자율을 침해하는 것을 국가가 방치하는 결과가 될 수 있다.[92] 국가가 가족 관계에 개입하는 것은 바람직하지 않지만 부모의 권리가 잘못 사용되거나 자에게 악영향을 끼칠 우려가 있는 경우라면 국가의 개입이 정당화될 수 있고, 부모의 권리는 자를 보호하고 자의 복지를 도모하는데 필요한 범위로 제한되어야 한다. 따라서 국가에는 부모가 사실상 자의 복리를 위하는 것이 아닌 자의적으로 권한을 행사하는 것으로부터 자를 보호해야 할 의무가 발생하게 된다.

자는 스스로가 능동적으로 권리를 주장하기 어려운 존재이다. 특히 미성년인 자는 현행 법 체제 아래에서 직접 권리 주장을 하기 쉽지 않기 때문에 국가는 이를 고려하여 특수한 권리 구제 장치를 자에 부여할 의무를 지고 자는 이에 상응한 '구제 받을 권리'를 가진다.[93] 따라서 자 자신이 기본권을 향유할 수 있도록 국가가 이에 적합한 법적 장치를 마련하지 않은 것은 입법 부작위에 의한 국가의 기본권 침해가 될 수 있고 특히 사법적 행정적 절차에서 권리 침해를 받을 경

92 윤혜경, "아동 권리의 측면에서 본 아동, 부모, 국가 간의 3자 관계와 아동의 최선의 이익", 「한국가족복지학」 제2권 제2호, 한국가족복지학회, 1997, 55면.

93 신우철, "아동의 권리–한국의 문제 상황을 중심으로", 「아동 권리연구」 창간호, 한국아동 권리학회, 1996, 87면.

우에는 더욱 자의 권리 구제를 위한 별도의 적극적 조치가 필요하다.

3. 헌법 기본권상 성씨 결정과 변경

가. 성씨 결정 및 변경에서의 자의 권리

성씨(姓氏)는 개인의 인격을 상징하는 것으로 인격권의 중요한 내용이 있으며,[94] 국가는 이를 최대한 보장해야 하지만 성의 사용에 관하여 무제한적인 자유를 부여하는 것은 사회적 · 법적 안정성을 해칠 우려가 있으며 출생한 자가 스스로 본인의 성을 결정할 수 없다는 점에서 자의 성 결정권은 친권자인 부모에게 있고 이에 대하여는 어느 정도 사회적 합의가 존재한다고 생각된다.[95] 다만, 개정 전 우리 민법과 같이 부모에게 어떠한 선택권도 부여하지 않은 채 국가가 일률적으로 부의 성을 따르도록 하는 것은 혼인과 가족생활의 자유를 보장하는 헌법 정신에 합치되지 않으며, 이 규정에 대해서 지난 2005년 헌법 불합치 결정이 있었기 때문에 이 문제는 어느 정도 일단락된 것

---

94 정순원, "청소년 보호의 목적과 헌법적 근거", 「공법연구」 제35집 제3호, 한국공법학회, 2007, 35면.

95 김성숙, "호주 제도 폐지에 따른 법 제도의 정비 방안", 여성가족부, 2003, 31면; 유경미, "호주 제도 폐지에 따른 민법 규정 및 호적 제도의 검토", 「법학연구」 제21집, 한국법학회, 2006, 106면; 법무부, "가족법개정특별분과위원회의록(제1차 회의~제9차 회의)", 2003, 266면.

으로 보인다.[96,97]

　한편, 부모에 의해 자의 성이 결정된 이후, 자가 선택되지 않은 성으로의 변경을 구할 수 있느냐의 문제도 발생할 수 있다. 이에 대해 자의 성은 원칙적으로 성의 소지자인 자녀의 의사와 무관하게 출생 시 타율적으로 정해지는 것으로 보아야 하고 자녀의 성이 인격권 성을 인정할 필요는 없기 때문이라는 이유에서 부정하는 것이 좋다는 견해도 있다.[98] 그러나 성이 출생 시에 타율적으로 정해진다고 해서 그 이후 자녀의 성에 대한 인격권마저 부인되어야 하는가에 대해서는 견해가 다르다. 최소한 자신의 의사에 반하여 성이 변경되지 않는 정도의 성 선택권은 인정되어야 한다고 본다.[99] 자는 그 연령에 따라 성에 대한 자각이 다르기 때문에 본인에게 미치는 영향도 다르게 된다. 그 연령이 낮을수록 자신의 성에 대한 자각이나 집착이 크지 않고, 연령이 높을수록 자신과 성명을 분리하기 어렵고 인격의 일부로

96　헌법재판소 2005. 12. 22. 선고 2003헌가5,6(병합) 결정; 이병화, 「법여성학 판례연구」, 에듀컨텐츠 · 휴피아, 2013, 15면; 김종국, "성과 본의 변경에 따른 소속 종중의 변경 여부에 관한 소고", 「가족법연구」 제23권 제3호, 한국가족법학회, 2009, 3면.

97　자녀에게 부 성의 사용이 생부의 성을 확인하는 것에 불과할 뿐 자녀가 부와는 전혀 관계없이 생활하면서 실제 모와 그 모계 가족과 가족생활을 같이 영위하고 있는 경우이거나 입양 등을 통한 새로운 가족 관계의 형성으로 생부의 성보다 양부의 성을 따르는 것이 자녀에게 훨씬 큰 이익을 가져다주는 것이라면, 부 성의 변경을 허용하는 것이 자녀의 인권을 보호하는 길이 될 것이다(김주수 · 김상용, 「친족 · 상속법(제8판)」, 법문사, 2007, 262–263면).

98　김성숙, 앞의 논문, 31면; 유경미, 앞의 논문, 106면; 법무부, 앞의 책(주95), 266면.

99　高橋菊江 · 折井周平 「夫婦別星の招待」 185頁 (有斐閣, 1995).

인식하게 된다. 그런데 자가 성장하면서 가족 관계로 인하여 문제가 발생하게 되면 그 가족으로부터 벗어나기 위해 자신을 속박하고 있는 성을 버리고 싶어 하는 경우도 있고, 반대로 자기의 이익을 위해서나 심정적인 만족을 얻기 위해 한쪽 부모에서 다른 부모의 성으로 변경하고 싶어 하는 경우도 있다. 이런 경우 자의 의사를 살펴 부 또는 모가 성의 변경을 신청하여 허가를 받는 방법은 이미 대부분의 국가에서 인정되고 있지만, 자 본인의 의사로 누구의 허락도 없이 성을 변경하는 것이 가능한지 또는 부모의 의사에 의해 자의 성이 바뀌는 경우 자신의 성을 바꾸고 싶지 않은 자의 의사는 존중될 수 있는지의 문제가 남는다. 또한 단지 부의 성이나 모의 성으로 변경하는 것을 넘어 제3의 성을 선택하거나 존재하지 않는 성을 창설할 수 있느냐의 문제도 고려해 볼 수 있다. 현재 호주나 영국의 경우에는 제3의 성 또는 새로운 성의 창설, 변경 등이 가능하다. 이제 성의 변경 가능성이 인정된 우리나라에서도 이러한 논의를 해야 한다고 본다. 이렇게 성에 관한 문제는 여러 방향으로 논의가 가능하지만 자의 성 변경 결정권은 부모에게 있다는 전제하에 자가 성을 변경할 수 있는 권리 또는 계속 사용할 권리를 중심으로 성의 결정 및 변경 시에 자의 어떤 권리가 어느 정도 인정되어야 하는지에 헌법적으로 다가갈 필요

가 있다.[100]

나. 성씨 변경에서의 자의 권리의 헌법적 근거

(1) 인간의 존엄과 가치

헌법은 개인이 자신의 삶에 대한 중대한 사항에 관하여 스스로 자유롭게 결정하고 그 결정에 따라 행동할 수 있는 자기 결정권(인격적 자율권)[101]을 보장하고 있다.[102] 자기 결정권의 내용은 개인의 인격적 생존에 불가결한 권리를 포함하는 것으로서 재산상에 관한 자기 결정권(임신, 출산, 피임에 관한 권리-미국에서는 프라이버시권으로 인정되어 있음), 생명·신체의 처분에 관한 자기 결정권(흡연, 음주, 복장, 두발 등에 관한 자기 결정권)으로 나눌 수 있다.[103] 전자 두 영역의 자기 결정권에

---

100 고경호, 앞의 논문(주69), 56–57면 참조.

101 자기 결정권이라는 것은 타인에게 위해를 미치지 않는 한 일정한 사적인 것에 관해서 공권력의 간섭 없이 스스로 결정할 수 있는 권리이다. 우리 헌법상 이러한 자기 결정권은 포괄적 권리이자 보충적 권리인 헌법 제10조상의 행복 추구권에 근거를 두고 있고(김철수, 「헌법학개론(전정신판)」, 박영사, 1999, 327–328면) 또한 제37조 1항도 그 헌법적 근거가 될 수 있다. 이러한 자기 결정권이 행복 추구권에서 도출되는 권리라고 하는 것은 일본에 있어서도 통설이자 판례의 태도이다(戸波江二, "丸刈り校則と自己決定の自由", 法律時報 58卷 4號 (1986年) 93頁).

102 헌법 제10조에서 인간 존엄 규정은 제헌 헌법에는 존재하지 않았다. 인간 존엄 규정이 처음 도입된 것은 1962년 제3공화국 헌법이었으며, 이때 도입된 이래 현행 헌법에 이르기까지 동일한 문구를 유지하여 왔다. 이러한 인간 존엄 규정은 현행 헌법의 최고 원리이자 기본권의 모태로 원용되고 있다(최재원, "개인 정보 자기 결정권의 실현 구조", 고려대학교 대학원 석사학위, 2013, 8면).

103 김철수, 앞의 책(주86), 327–328면; 고경호, 앞의 논문(주69), 56면.

대해서는 자기 결정권의 내용으로 인정은 되지만, 후자 즉 라이프스타일의 자기 결정권에 관해서는 견해의 대립이 존재한다.[104] 다만 헌재는 성적 자기 결정권[105]을 인정하였다.[106] 그러나 자기 결정권은 기본적으로 그 특성이 첫째, 모든 사항에 대한 일반적인 자기 결정권이 아니라 '사적인 사항' 특히 타인에게 위해를 주지 않는 분야의 것이라는 점, 둘째, 자기 결정권은 모든 사람에게 인정되는 것이 아니라 '성숙한 판단 능력'을 가진 자에 한한다는 점이 지적된다.[107] 이것은 인격의 존중 또는 개인의 존엄에서 도출되는 것이라 할 수 있고 자기 결정권은 이성적인 인간이라면 자기에 관한 사항은 스스로 처리할 수 있을 것이라는 생각에서 출발하는데 미성년인 자는 일반적으로 성숙한 판단 능력을 지녔다고 보기 어렵기 때문에 자기 결정권을

---

104 즉 자기 결정권의 내용에 관해서 일반적 자유설은 개인의 자유로운 행동을 넓게 보장하고 있다고 보는 반면에, 인격적 이익설은 개인의 인격적 생존에 불가결한 권리에 한정된다고 본다(戶波江二, "敎則と生徒の人權", 法學セミナ 460號 (1993年) 76頁).

105 일본에서는 청소년 보호 조례가 일반적으로 18세 미만의 청소년과 음행을 한 자를 동의의 유무 관계없이 처벌하고 있었는데, 이러한 청소년 보호 조례에 의한 규제의 합헌성에 관해서 일본 최고재판소는 복망현 청소년 보호 육성 조례 사건 최고 재판결(1985. 10. 23.)에서 한정 합헌 해석을 내리고 있다. 이 사건에서 제시된 주요한 쟁점은 청소년의 성행위의 자유(혹은 성적 자기 결정권)의 제한과 관련된 동 조례의 명확성과 제한의 광범성 문제인데, 학설은 성행위의 자유 내지는 성적 자기 결정권도 헌법 제13조가 보장하는 자기 결정권의 한 내용으로 파악하고 있다(橫田耕一, "靑少年に對する淫行の條例にょる規制と憲法", シュリスト 853号 (1986年) 45頁; 米澤廣一, "靑少年保護條例合憲性", シュリスト [臨時增刊號] 862号 (1986年) 9頁).

106 헌법재판소 1990. 9. 10. 선고 89헌마82 결정.

107 구병삭, 「헌법상 자기 결정권의 문제」, 월간고시, 1990, 25면.

인정할 수 있느냐의 문제가 제기된다. 그러나 단순히 연령에 의해 성인과 미성년자를 구분하여 미성년자의 경우에는 성숙한 판단 능력을 지니지 못했다고 하여 자기 결정권을 제한하는 것은 자녀의 연령이나 개인에 따라서 개별성이 존재한다는 것이 고려되지 않기 때문[108]에 위험한 발상이다. 즉 성인에 이르지 않은 자녀라고 할지라도 자기 결정권에 일정한 사항에 관하여 판단 능력을 충분히 가지고 있는 경우가 있을 수 있기에 이러한 경우에는 자녀에게도 자신의 사항에 관해서 스스로 결정할 수 있는 자기 결정권을 인정하는데 있어서 앞에서 언급한 두 가지 특성 중 특히 후자의 특성에 관해서 성숙한 판단 능력을 요구하는 근거와 정도는 어디까지인가의 문제가 제기될 수 있다. 이것은 미성숙한 판단 능력을 지닌 것으로 일반적으로 인식되어 있는 자녀에게는 자기 결정권이 인정되지 않는가의 문제이다. 하지만 자녀에게도 기본적으로 자기 결정권을 인정하여야 하고 경우에 따라서는 그 범위를 확장하여야 한다고 생각한다.[109]

이 점은 소위 '성숙한 미성년자의 원칙(mature minor rule)'[110]을 적용

---

108 米澤廣一 『子ども家族憲法』108頁 (有斐閣, 1992).

109 고경호, 앞의 논문(주69), 57면.

110 '성숙한 미성년자의 원칙'은 자녀의 성장에 따른 부모의 권한 감소와 자녀에 대한 법적 능력의 단계적 부여를 주장한 John Locke에 그 근원을 찾을 수 있다. 즉 Locke는 그의 유명한 저서인 『시민 정부 이론(市民政府二論)』의 두 번째 논문에서 ① 부모가 미성년인 자녀에 대해서 가지는 보호 · 교양권은 부모의 특권

하는 의미일 뿐만 아니라, 가족 내에 있어서는 자신에게 영향을 미치는 사안의 결정에 있어서 다른 가족 구성원과 동등하게 참가할 수 있는 권리를 인정함을 뜻한다. 또한 이것은 자율적인 가족의 보호라는 국가의 이익과도 일치하는 것이다.[111] 물론 이러한 관점은 현행 헌법 제36조 제1항이 규정하고 있듯이 개인의 존엄과 평등을 전제로 하는 우리나라의 가족 관념에도 일치하는 것이다. 또한 판단 능력에 있어서 성숙하지 못한 자녀에 대해서도 권리의 자율적 행사는 자율이 개인의 존엄과 관련된 것으로 자율의 행사 그 자체가 가치를 가지고 있다는 점에서 그리고 권리 행사 능력은 권리의 행사를 통해서 형성되어 간다는 점에서 그 의의가 존재한다고 할 것이다.[112] 또한 구체적 사안에 따라서 필요한 판단 능력의 정도가 다르기 때문에 당해 영역에 따라 결정되어야 하는 문제이지 일률적으로 성인과 미성년인 자를 구분하는 것은 국가가 지나치게 자의 권리를 제한하는 결과를 초

이 아니라 오히려 자녀의 특권이며 부모의 의무이다(제67절) ② 부모는 자녀가 태어났을 때와 그 후 당분간은 자녀에 대해서 지배권과 제재권을 가지지만, 자녀에게 이해력이 갖추어지게 될 때까지의 일시적인 것에 불과하다(제55절) ③ 따라서 부모의 권력은 자녀가 성장함에 따라 약해지고, 자녀가 성숙한 상태에 이른 경우에는 종료한다(제59절, 제61절)는 점 등을 주장하였다. Locke의 아동관과 교육관에 관한 전반적 고찰은 Richard Ashcraft(ed.), John Locke—Critical Assessments— vol. II Routldege, Rev 231-245 (1991); Samuel M Davis & Mortmer D. Schwartz, Children's Rights and the Law, DC Heath and Company, (1987), pp.12-13.

111 Development in the Law—The Constitution and the Family, 93 Harvard Law Review 1156, (1980), p.1220.

112 고경호, 앞의 논문(주69), 57-58면.

래할 수 있으며, 미성년인 자에게도 자기 결정권은 인정되어야 하는 것이고 문제는 자기 결정권을 어느 정도로 인정할 수 있느냐 하는 것이므로 이는 구체적인 사안에 따라 그 인정 여부가 변하게 된다.

성은 이름과 함께 개인의 인격을 상징하는 것으로 평가되며, 성명권은 개인의 인격적 가치와 불가분의 것으로 인격권의 한 내용을 이루며 성명에 귀속되는 여러 가지 이익들을 침해 받지 아니하고 자신의 관리와 처분 하에 둘 수 있어야 한다. 헌법은 개인의 인격권을 보장하고 있기 때문에 인격의 상징으로서 성은 헌법이 보장하는 개인의 인격권의 범주에 포함할 수 있다. 그리고 이러한 일반적인 인격권은 법률 유보를 통하여도 제한할 수 없는 불가침의 영역에 속하기 때문에 미성년인 자에게도 당연히 인정되어야 하며, 성의 변경에 있어 자가 그 변경 여부를 선택할 수 없도록 하는 것은 자의 자기 결정권을 제한하는 결과를 초래하게 된다.[113]

(2) 혼인과 가족생활의 자유

헌법 제36조는 개인의 존엄에 기초한 혼인과 가족생활의 자유를

---

113 권영성, 「헌법학원론」, 법문사, 2008, 445면; 차선자, "양성평등과 개인의 존엄의 시각에서 본 가족법-헌법과 가족법의 관계를 중심으로", 「아시아여성연구」 제43권 제1호, 숙명여자대학교 아시아여성연구소, 2004, 152-155면; 최재원, 앞의 논문, 20-30면.

보장하고 있는데, 개인의 존엄과 기초한 가족생활은 부부 관계뿐만 아니라 부모와 자녀의 관계에서도 적용되어야 하고 나아가 가족생활에 있어 자녀의 인격 발현을 보장하여야 한다는 의미로 해석되어야 한다. 즉 다른 어떠한 영역에서보다 가족생활에 있어서 자신에게 영향을 미치는 사안을 결정함에 있어 다른 가족 구성원과 동등하게 참가할 수 있는 권리를 인정해야 함을 의미하는 것이다. 그러므로 부모와의 관계에 있어서 인격이 존중되는 주체로서 자신들의 의사를 적극적으로 표현할 수 있으며 부모 또한 이들이 가지는 의사 결정권을 배려하고 존중하여야 할 의무를 부담하게 된다.[114]

한편 헌법 제36조 제1항은 "혼인과 가족생활은 개인의 존엄과 양성의 평등을 기초로 성립하고 유지되어야 한다."[115]는 개인의 기본권을 보장한다는 의미도 있지만[116] 국가가 혼인과 가족생활의 헌법 질서 내에서 제도적으로 보장하여야 한다는 의미도 있다.[117] 제도 보장은 본질적으로 개별적 권리의 보장이 아니라 확정된 제도의 객관적

---

114 김태일, "혼인·가족 제도의 다양성에 관한 헌법적 연구", 조선대학교 대학원 박사학위, 2013, 38~49면 참조; 차선자, 앞의 논문, 159면, 김보람, 앞의 논문, 62면; 최재원, 앞의 논문, 7~20면 참조.

115 고경호, 앞의 논문(주70), 26면; 김지현, 앞의 논문, 40면; 김태일, 위의 논문, 103면; 최재원, 위의 논문, 22~25면 참조.

116 김철수, 앞의 책(주86), 1026면.

117 최갑선, "헌법 제36조 제1항에 의한 혼인과 가족생활의 보장", 「헌법논총」 제4집, 헌법재판소, 2003, 513면; 윤진수, "헌법이 가족법에 미친 영향", 「법학」 제45권 제2호, 서울대학교, 2004. 3, 233면 이하 참조.

보장을 의미하며, 헌법이 제도를 보장하는 것은 그 구체적 내용까지 개별적으로 헌법이 보장하는 것이 아니고 입법권자의 입법 형성권 행사에 의해 결정되며[118] 입법자는 자신에게 주어진 입법 형성권을 행사하여 혼인과 가족생활의 자유를 파괴하는 입법을 하거나 국민이 가지는 혼인과 가족생활의 자유를 부당하게 제한하는 방향으로 입법 형성권을 행사해서는 아니 되기에 자의 성에 관한 사건에서 자 본인의 의사와 관계없이 성이 변경되는 것은 헌법의 정신에 반하는 것이며 국가 역시 성의 변경 과정에서 자의 의사가 반영될 수 있도록 이를 입법적으로 해결하여야 한다.[119]

다. 성씨 변경에서의 구체적 자의 권리 의사 표명권

(1) 의사 표명권 의의

자녀 고유의 권리로서 자녀의 의사 표명권이라는 것은 1989년의 아동의 권리에 관한 국제 협약 제12조[120]에서 인정되고 있는 권리인

---

118 차선자, 앞의 논문, 156면.

119 허영, "헌법과 가족법", 「법률연구」 제3호, 연세대학교 법률문제연구소, 1983, 421면.

120 동 협약은 다음과 같이 규정하고 있다. ① 당사국은 자신의 견해를 형성할 능력이 있는 아동에 대하여 본인에게 영향을 미치는 모든 문제에 있어서 자신의 견해를 자유스럽게 표시할 권리를 보장하며, 아동의 견해에 대하여는 아동의 연령과 성숙 정도에 따라 정당한 비중이 부여되어야 한다. ② 이러한 목적을 위하여, 특히 아동에게 영향을 미치는 어떠한 사법적, 행정적 절차에 있어 아동이 직접 또는 대리인이나 적절한 기

데, '자신에게 영향을 미치는 사안에 관하여 자녀가 자유롭게 자신의 의견을 표명할 수 있는 권리'라고 정의 내릴 수 있다. 이러한 자녀의 의사 표명권은 헌법이 보장하는 인간의 존엄과 가치와 행복 추구권의 실현을 보장하기 위함인 동시에 그 실현을 위한 수단적인 권리이자 자녀 자신의 최선의 이익을 확보하기 위한 절차적 권리로 파악할 수 있을 것이다. 그리고 자녀의 의사 표명권은 단순히 법률상의 권리가 아니라 헌법상의 권리로서 파악되어야 하고, 행복 추구권에서 도출되어야 한다.[121]

의사 표명권은 자녀의 연령과 성숙도가 높은 단계에서는 '표현의 자유'의 하나라고 할 수 있다.[122] 헌법 제21조가 보장하고 있는 표현의 자유는 일반적으로 종교, 양심, 학문, 예술과 정치 등에 대한 인간의 정신적 관념을 외부에 나타내는 기본권을 의미하는데 이러한 표현의 자유는 스스로의 사상이나 의사를 자유롭게 표현할 수 있게 함으로써 인간의 존엄성과 의사의 자유로운 발현을 가능하게 한다는데 중요한 의의가 있다.[123] 이러한 표현의 자유에는 의견 표현의 자유가

관을 통하여 진술한 기회가 국내법의 절차에 따라 주어져야 한다.

121　고경호, 앞의 논문(주69), 54면.

122　고경호, 앞의 논문(주70), 32면.

123　계희열, 앞의 책(주81), 430-435면 참조.

포함되는데 의견 표현의 자유는 개인 자신의 행위를 결정하게 하며 타인과의 관계에 있어서도 표현 행위를 야기하는 원동력이 되며, 자유로운 의견 표현의 보장이 전제될 경우에만 진정한 의미의 자유 민주주의의 실현이 가능하다고 할 수 있기 때문에 자 역시 스스로의 견해를 형성하고 이를 표현할 권리를 보장 받아야 함은 물론이다.[124]

(2) 의사 표명권 이행을 위한 단계

(가) 준비 단계

아동의 의사를 들어야 하는 자들은 아동에게 구체적인 사전 정보를 제공해야 한다. 아동은 본인과 관련된 모든 사안에 대하여 표현할 권리가 있으며, 그 표현된 의사가 결과에 어떤 영향을 미칠지 알려줘야 한다. 또한 대리인을 통해 본인의 의견을 표명할 수 있다는 것과 이 같은 의사 표현이 언제, 어디서, 어떻게 이뤄지고, 또 누가 참관하는지 설명해 주어야 한다.[125]

---

124 김보람, 앞의 논문, 64면.
125 박한비, "아동 권리 협약과 관련된 아동의 인권 상황 및 문제점", 경북대학교 대학원 석사학위, 2013, 41면.

(나) 의견 청취

아동이 본인의 의사를 표현하는 환경은 일반적으로 조사보다는 대화의 형식이어야 한다. 또한 법정 같은 부담스러운 장소보다는 아동의 눈높이에 맞춰 비밀이 지켜지는 환경에서 하는 것이 좋다.[126]

(다) 아동 능력의 조사

개별적 사례 분석을 통해 아동이 자신의 의사를 형성할 능력이 있으면 존중되어야 한다. 아동이 이성적이고 독립적으로 자신의 의사를 형성할 수 있을 때 의사 결정자는 아동의 의사를 사안의 결정에 중요한 요소로 다루어야 한다.[127]

(라) 피드백

아동의 경우 자기 의사가 존중 받는 것을 기뻐하므로 의사 결정자는 아동에게 사안의 결과와 아동의 의사가 어떻게 반영되었는지를 설명해 주어야 한다. 피드백은 아동의 의견이 형식적으로만 다루어진 것이 아니라 진지하게 반영된다는 것을 보증해 주고, 아동이 주장

---

126 박한비, 앞의 논문, 41면.

127 "유엔 인권 조약 감시기구의 일반 논평 및 일반 권고–아동 권리위원회가 채택한 일반 논평", 아동 권리위원회, 2006, 6–13면.

을 하거나 사실에 동의하거나 새로운 제안을 할 수 있게 해 주며, 사법 및 행정 절차에서 항소를 제기하게 할 수도 있다.[128]

(마) 항소, 구제, 배상

우리 법은 아동이 자신의 의견 표명권이나 의사를 존중 받아야 할 권리가 무시되거나 침해될 때 항소를 제기하거나 구제 받을 수 있는 절차를 제공해야 한다. 모든 아동 관련 기관에서 옴부즈맨이나 이와 유사한 역할을 하는 사람에게 자신의 불만을 말할 수 있는 가능성이 있어야 한다. 아동은 위와 같은 역할을 하는 사람, 기구 그리고 어떻게 만날 수 있는지 알아야 한다. 또한 사법적 행정적 절차와 관련해서 아동의 의견 표명권이 침해 당하는 경우, 아동은 권리 침해에 대한 배상을 제공하는 항의 절차를 활용할 수 있어야 한다.[129]

(3) 성씨 변경에 필요한 자의 의사 표명권 보장

민법에서 자녀는 미성숙하고 판단 능력이 부족하기에 분쟁을 해결할 수 있는 능력이 미흡하다고 보았지만, 가사 소송 규칙 제59조의2

---

128 위의 보고서 참조.
129 앞의 보고서 참조.

제2항에서는 성 변경에 있어 13세 이상인 경우 자녀의 의견을 들을 수 있다고 보았다. 하지만 부모와 자녀의 이익이 대립하는 경우는 분명히 존재하며 특히 자녀의 신분에 영향을 미치는 사항은[130] 더욱 분쟁의 소지가 있으므로 친자 간 의견 대립이나 분쟁이 발생할 수 있는 가능성을 고려하지 않은 법체계에 대해서 적법한 대안이 필요하다.

자녀의 의사 표명권이 실질적으로 문제될 수 있는 예로는 부모의 이혼 시 친권 행사자 및 양육권자 지정 및 성 변경에 관한 절차이다.[131] 부모의 이혼 절차에서 자녀의 의사 표명권이 보장되어야 자에게 최선의 이익이 확보되고 자의 권리를 실현할 수 있는데, 현실은 성인에게 당연히 인정되는 의견 표명권이 그 행사 주체가 아동이라는 이유로 아동의 권리 주체성이라든지 아동의 자기 결정 능력에 대한 의문 등이 제기되어 자의 의견 표명권 행사의 제한을 초래하고 있다. 부부가 공동 생활을 하면서 자녀의 성에 대한 의견 표명권을 행사하였던 혼인 중 부부의 협의에 의해 성 변경이 가해질 수는 있으나, 물론 법률이 원칙적으로 이혼 부부의 성 변경에 대한 행사를 배제하는 것이 아니기 때문에 이혼 후라 하더라도 부부는 공동으로 친

---

130 김보람, 앞의 논문, 64면.
131 고경호, 앞의 논문(주69), 55면.

권을 가진 경우 성 변경을 할 수 있지만,[132] 법원은 단독으로 친권을 결정하게 되면 성 변경을 단독으로 하게 된다. 이혼에 의한 자의 성 변경에 있어서 가장 중요한 것은 자의 복리를 보장하는 것이다.[133] 이는 비단 우리 법의 태도만이 아니라 전 세계적인 경향이기도 하다. 따라서 부모 중 누가 양육에 적합한지, 자녀와의 내적 결속이 누가 더욱 강한지, 자녀의 의사는 어떠한지를 모두 종합하여 친권자를 지정하여야 할 것이다.

다시 말해, 자의 성 변경 보장에 있어서 원칙적으로 부부 당사자 간의 협의에 의하도록 하고 있지만 자녀의 의견 표명권이 보장되도록 하여야 한다. 평균적인 사회인을 기준으로 할 때 자녀에 대한 충분한 고려 없이 이혼을 결정하는 부모는 거의 없을 것이다. 따라서 협의에 의해 부부가 이혼 후에도 서로 공동으로 자의 의견을 들어 성 변경에 대한 보장을 행사하기로 하였다면, 성 변경을 할 수 있는 친권자가 행사할 것이고 그렇지 않고 단독으로 친권을 지정한다면 지정된 자가 성 변경에 대한 지위를 가질 것이다.[134]

---

132 양창수 · 김상용 역, "친권법의 기본 문제", 「서울대학교 법학」 제102호, 서울대학교, 1996. 12., 78-82면.

133 권정희, "이혼에서 자녀 보호를 위한 법적 고찰", 「가족법연구」 제15권 제1호, 한국가족법학회, 2001, 192면.

134 이종희, "아동의 의사 표명권과 전문가 개입에 관한 문헌 연구—부모 이혼 시 양육자 지정과 관련하여", 연세대학교 대학원 석사학위, 2001, 18-19면.

협의에 의해 친권자를 지정하는 방법으로 민법 제836조의 2, 제4항에 의해 이혼 시 친권자 결정 협의서와 같은 자녀의 의사 표명권을 보장한 성 변경 결정 협의서를 제출하고, 가족 관계의 등록 등에 관한 규칙 제74조 제2항에 의해 법원은 이혼 의사 확인 절차에서 친권자 결정과 관련된 협의를 확인하는 것처럼 자의 의사 표명권 확인서를 보장하는 것이다. 협의된 사항은 가족 관계의 등록 등에 관한 법률 제79조 제1항에 따라 협의 이혼 신고서에 기재하여 신고하면 비로소 협의에 의한 친권자 지정이 효력을 발생하듯이 자녀의 성 변경 또한 자의 의사 표명을 보장하고 부모가 공동으로 협의하여 성 변경이 되는 효력을 발생하도록 하게 되는 것이다. 2007년 민법 개정 및 2009년 3월 가족 관계의 등록 등에 관한 규칙 등이 개정되면서, 법률 및 규칙에 의해 부부는 협의 이혼 시 미성년의 자녀에 대한 의사 표명권을 반드시 결정하여야 하며, 협의 이혼이 성립하기 위한 요건으로서 자의 성 변경에 대한 의사 표명권 지정을 요구함으로써 과거 미성년 자녀에 대한 의사 표명권을 하지 않음으로써 발생하였던 성 변경에 대한 자의 복리의 공백을 방지하여 미성년자의 보호에 기하고 있다.[135]

---

135 이선의, "이혼 후의 자녀 양육 제도에 관한 비교법적 연구—한국법과 중국법을 중심으로", 인천대학교 일반대학원 석사학위, 2010, 10~12면.

만일 부부 사이에서 성 변경에 대한 협의가 이루어지지 않는다면 법원에 의해 성이 변경된다. 이혼에 대한 협의가 이루어지지 않으면 재판상 이혼이 제기되며, 재판상 이혼이 제기되면 법원은 제781조 제6항에 의해 직권으로 성을 지정할 수 있다. 이는 곧 성 결정에 있어서 법원의 개입이 필연적임을 의미하는 것으로, 이러한 법원의 상제적 개입에 대해 일설은 사적 자치의 영역에 법원이 개입하는 것은 부당하다는 견해가 있는 반면 다른 일설은 혹여 발생할 지도 모르는 성 결정의 공백을 법원이 개입함으로써 당해 공백을 없애 주는 결과 미성년 자녀의 보호에 더욱 신중할 수 있다는 입장을 표명하기도 한다. 그러나 과거보다 법원의 개입이 적극적으로 이루어질 수밖에 없는 현행법의 태도는 개인의 자율권의 축소와 가정 법원의 간섭의 확대라는 결과를 낳을 수 있다. 하지만 민사 관련 분쟁은 기본적으로 사적 자치라는 근대 민법의 원칙이 최우선 되어야 하고, 또한 자녀의 복리 역시 우선하여야 함으로 원칙적으로 국가의 적극적 개입보다는 당사자의 협의를 우선하여야 한다. 따라서 재판상 이혼의 경우에도 우선은 당사자의 의견을 존중하여 성 결정에 대한 의견 표명권의 기준을 법으로 결정하는 것이 사적 자치의 이념에도 부합하는 것이므로 성 결정에 대한 법원의 판단에 있어서 가장 우선적으로 당사자의

의사가 존중되어 결정되어야 한다.[136]

II. 국제법적 고찰

1. 아동 권리 협약의 국내법적 의미

가. 조약으로서의 아동 권리 협약

자의 의견 표명권이 국내법에 반영되기 위해서는 먼저 검토해야
할 사항은 국내법의 일종인 아동 권리 협약이 우리나라에서 자의 권
리의 법적 근거로 제시될 수 있느냐의 문제이다. 정부는 아동 권리
협약의 비준 시에 국회의 동의 절차를 생략하였기 때문에 이에 대해
서는 보다 면밀한 검토가 필요할 것이다.

헌법상 조약은 국내법과 같은 효력을 가지지만(헌법 제6조 제1항),
조약이 국내법적 효력을 가지기 위해서는 조약의 내용이 헌법에 위
배되지 않아야 할 뿐 아니라 조약의 체결 · 공포의 절차도 헌법에 위

---

136 김은아, "혼인 관계 및 가족 형태가 친권에 미치는 영향", 「서강법학연구」 제11권 제2호, 서강대학교 법학
    연구소, 2009, 282–284면.

배되지 말아야 한다.[137] 아동 권리 협약이 헌법 제6조 제1항에 의하여 체결·공포된 조약이라고 한다면,[138] 헌법에 의한 조약의 범위에 포함되어야 하고 국무 회의의 심의를 거쳐야 한다(헌법 제89조). 또한 헌법 제60조 제1항의 국회의 동의 대상에 해당하는 경우에는 국회의 동의를 거칠 것, 조약으로 체결될 것, 공포될 것 등이 요구된다.[139] 그러나 정부는 아동 권리 협약에 대한 비준 시에 국회의 동의 절차를 거치지 아니하였다. 조약은 국제법상으로는 국회의 동의 유무를 막론하고 오로지 대통령의 비준 행위에 의해 효력이 발생하는 것이지만 국내법상으로도 효력을 발생하기 위해서는 헌법에 의한 절차적 요건을 갖추어야 하고 국회의 동의가 대통령의 비준 행위를 국내법상으로 합법화시켜주는 역할을 해야 하므로, 국회의 동의 없이 비준된 아동 권리 협약의 국내법적 효력에 대한 의문이 제기될 수 있다.[140]

---

137 계희열, 「헌법학(상)」, 2005, 185면.

138 조약은 법률상의 권리·의무를 창설·변경·소멸시키는 2개국 또는 그 이상의 국가 간의 약속을 말한다. 또한 단일 문서나 둘 이상의 관련 문서에 구현되는지 여부와 그 명칭에 관계없이 국가 간에 서면 형식으로 체결된 문서 또는 국제법에 의한 국제적 합의이므로 아동 권리 협약 역시 조약으로 볼 수 있다.

139 이상철, "조약의 국내법적 효력", 「법제연구」 제16호, 한국법제연구원, 1999, 183면.

140 국회의 동의는 조약이 국가와 국민에게 매우 큰 영향을 줄 수 있기 때문에 국민의 대표 기관인 국회가 조약에 관한 대통령의 권한을 통제하기 위한 것이고, 다른 한편 조약에 대한 비준 행위를 정당화시켜 주기 위한 것이다. 그러나 이러한 국회의 통제가 대통령의 조약 비준권 자체에는 영향을 주지 못하는데 이는 대통령의 조약 비준권이 국회의 동의권이 아닌 또 다른 헌법 규정으로부터 도출되는 것이고, 조약의 국제법상의 효력은 국제법에 의해서 결정되는 것이지 어떤 당사국의 국내법에 의해 좌우되는 것은 아니기 때

나. 아동 권리 협약의 국내법적 효력

아동 권리 협약을 헌법 제60조 제1항의 국회의 사전 동의를 요하는 내용의 조약으로 볼 경우, 아동 권리 협약은 절차적 정당성을 결여한 조약으로 국내법상 효력은 없다.[141] 일반적으로 국회의 사전 동의를 요하는 경우에는 조약에 비준 또는 서명이 불가능하며 사후 동의가 이루어지지 않을 경우에는 비준서 교환을 할 수 없음에도 실제로는 서명과 비준이 이루어졌다. 국회 역시 이에 대하여 권한 쟁의 이의를 제기하지 않았으며, 동 협약의 실효성을 재고하기 위해서는 국가의 재정적 부담을 야기할 수 있고 입법 사항이 대부분인 점은 사실이지만, 동 협약은 국제 인권법상 인권 실현 또는 기본권 실현이라는 점에서 아동의 권리를 보장하기 위한 성격을 가지고 있기 때문에 기본권 제한의 법률 유보와 같이 취급할 수 없으므로 헌법 제60조 제1항의 국회 동의를 요하는 조약에 해당하지 않는다고 보는 견해도 있다.[142]

문이다. 즉 국회의 동의는 조약이 국내법적으로 효력을 발생시키는 요건이 된다(허영, 「한국헌법론」, 박영사, 2009, 170면 이하).

141 절차적 정당성을 갖추지 못한 조약은 준 위헌 조약으로 국제법상으로는 유효나 국내법상으로는 효력을 갖지 못한다는 것이 일반적인 견해이다(계희열, 앞의 책(주137),187−188면; 권영성, 앞의 책, 177면; 김철수, 앞의 책(주86), 328면; 허영, 앞의 책, 175−176면).

142 권영복, 앞의 논문, 290−292면.

한편 헌법 제6조에서는 '일반적으로 승인된 국제 법규'에 대해서도 국내법과 동일한 효력을 갖는다는 규정하고 있다. 그러나 '일반적으로 승인된 국제 법규'에 대해서는 그 효력 발생 요건을 따로 정하고 있지 않기 때문에 별도의 국내 승인 절차를 거치지 않고 국내법적 효력을 가지게 된다.[143] 일반적으로 승인된 국제 법규가 무엇인가에 대해서는 국제 관습법과 국제 사회에서 일반적 구속력을 가지는 조약을 포함[144]한다고 보고 있다.

1989년 유엔 총회에서 만장일치로 가결되고 2016년 현재 193개 국가[145]가 비준하고 있는 아동 권리 협약은 국제 사회에서 일반적으로 승인된 국제 법규라고 볼 수 있다. 동 협약이 헌법에 의하여 체결·공포된 조약이 아니라고 주장하더라도 일반적으로 승인된 국제 법규로서의 지위까지 부정할 수는 없고, 헌법이 국제 평화주의와 국제법 존중주의를 취하고 있나는 점과 아동의 인권과 권리도 헌법이 궁극적으로 실현해야 하는 목표라는 점을 감안할 때 동 협약은 국내법상으로도 헌법을 보완하는 법률로서의 의미를 갖는다

---

143 계희열, 앞의 책(주137), 184면 참조.

144 황성기, "아동의 권리에 관한 제 문제—헌법적 관점에서의 고찰", 「아동권리연구」 제1권 제2호, 아동권리학회, 1997, 91면.

145 현재 협약에 가입하지 않은 나라는 미국 정도이며, 여러 국제 조약 가운데 가장 많은 나라가 비준하였다.

고 볼 수 있다.[146]

　아동 권리 협약을 합헌적 조약이라고 본다면 아동 권리 협약은 국내법과 같은 효력을 갖는다. 그러면 여기서 국내법의 어떤 법과 같은 효력을 가지느냐의 문제가 제기되는데, 헌법의 수권에 의해 성립된 조약이 헌법보다 우위에 있다는 것은 법 이론적으로 모순될 뿐만 아니라 헌법의 최고 규범성의 관점 등에서 볼 때 헌법의 하위에 있고 법률과 동위의 효력을 가진다고 봄이 타당하다는 견해가 국내의 다수설이다.[147] 따라서 국내 법률 간의 적용 순서와 마찬가지로 특별법 우선의 원칙에 따라 적용 여부가 판별되나 일반적으로 조약은 국내 법률에 대하여 특별법적 지위를 가지기 때문에 조약이 우선하게 되며 그렇기 때문에 현실적으로 이에 반하는 국내 실정법이 존재한다면 이에 맞게 개정되어야 할 필요성이 있다.[148]

146　그러나 아동 권리 협약을 일반적으로 승인된 국제 법규로 인정하여 국내법으로서의 효력을 인정하자는 견해에 대해서는 이론상 가능할 뿐 구체적 승인과 관련하여 확립된 우리나라의 관행이 존재하지 않기 때문에 아동 권리 협약이 국내에서 일반적으로 승인된 국제 법규로 인정되기 위해서는 법원에서 확정 또는 그 인정 기준이 확립될 필요가 있다(이정식, "아동의 권리에 관한 고찰", 「세계헌법연구」 제13권 제2호, 세계헌법학회 한국학회, 2007, 195면).

147　계희열, 앞의 책(주137), 186–187면; 권영성, 앞의 책, 174면; 김철수, 앞의 책(주86), 326–327면; 허영, 앞의 책, 174면.

148　계희열, 앞의 책(주137), 187면.

2. 아동의 권리 협약 제12조

가. 제1항

(1) 권리 주체

제1항은 의사 표명권의 주체를 '자신의 의견을 형성할 능력이 있는 아동(The child who is capable of forming his or her own views)'으로 한정하고 있다. 협약에 규정된 권리들 중에서 그 주체에 제한을 둔 유일한 것이 바로 의사 표명권이다. 여기에서 말하는 권리 주체로서의 자격은 반드시 고도의 능력을 가질 것을 요구하는 것이 아니라, 자신의 생각이나 욕구를 다양한 표현 수단[149]을 통해 제3자에게 전달할 수 있으면 그것으로 족하다고 본다. 그러나 적어도 여러 가지의 조건을 고려한 후에 합리적인 판단을 내릴 수 있는 정도의 능력, 즉 의사 결정 능력 내지 사물의 변별 능력은 필요하므로[150] 단순히 자신의 희망을 진술할 수 있는 것만으로는 부족하다.[151] 또한 이러한 능력의 여

---

149 따라서 반드시 언어로 표현되어야 할 필요는 없다고 본다(박주영, "아동의 의견 표명권에 관한 검토–가사 사건 절차를 중심으로", 「가족법연구」 제23권 2호, 한국가족법학회, 2009, 163면 각주14) 인용).

150 김태천, "아동 권리 협약", 「국제인권법」 제1호, 국제인권법학회, 1996, 187–188면; 김보람, 앞의 논문, 72면; 박한비, 앞의 논문, 2013, 39–40면 참조; 박주영, 위의 논문, 163면.

151 이병화, "아동 권리 협약의 국내적 이행", 「국제법학회논총」 제46권 제3호 통권 제91호, 대한국제법학회,

부는 사안의 성격에 따라 다르게 판단해야 한다. 이와 같이 능력 개념을 사용하여 의견 청취의 주체를 제한하는 이유는 모든 아동을 그 대상으로 하여 의견을 청취하더라도 그 의견이 쉽게 배제되거나 무시되면 청취한 의미가 없기 때문일 것이다.[152] 한편, '자신의 의견을 형성할 능력이 있는'이라는 표현은 능력 있는 아동과 그렇지 않은 아동의 경계선을 연령에 따라 일률적으로 정할 것인지, 아니면 구체적 사안마다 개개인의 능력에 따라 판단할 것인지, 또한 사안에 따라 요구되는 능력을 다르게 볼 것인지 등의 문제에 관해서는 해석상 불분명하다. 결국 '의견을 형성할 능력이 있는 아동'의 범위를 어떻게 정할지에 관해서는 당사국의 재량에 맡길 수밖에 없다. 그러나 아동의 연령 및 성숙의 정도는 제1항 후단에서 보듯이 아동의 청취된 의견을 고려할 때 참작되는 요소일 뿐, 청취의 주체를 제한하는 기준이라고 볼 수는 없으므로 아동의 연령 및 성숙도에 근거하여 의사 표명권의 주체가 제한되는 것은 아니라는 점만은 분명하다.[153] 현재 우리나

2001. 12., 189-190면; 波多野里望『兒童の權利條約: 逐條解說』80頁 (有斐閣, 改訂版, 2005); 박한비, 위의 논문, 12면; 김태천, 위의 논문, 187-188면.

152 米沢広一, "意見表明権(12条)の検討", 自由と正義 第46巻 第1号 29頁 (1995. 1).

153 이 내용은 협약의 심의 과정에서도 엿볼 수 있다. 즉 협약에서 의견 표명권의 주체가 연령이나 성숙한 판단 능력과 같은 기준에 의해 제한되지 않았던 이유로 ⅰ) 의견을 표명하는 것 자체가 자기 결정은 아니라는 점, ⅱ) 의견 표명의 대상은 거래 안전 등의 요청으로 획일적으로 취급될 필요가 있는 사항이 아니라는 점, ⅲ) 의견 표명권의 존재의 의에 비추어 볼 때 연령 및 성숙한 판단 능력에 근거하여 의견 표명을 제한하는 것은 그 취지에 부합하지 않는다는 점 등을 들고 있다(박주영, 앞의 논문, 164면 각주18) 인용); 藪本知

라는 자신의 의견을 형성할 능력이 있는 아동을 가사 소송 규칙에서 '15세 이상'으로 한정함으로써 연령 기준을 일률적으로 제한하는 방식을 취하고 있다.[154]

(2) 대상

아동의 의사 표명의 대상은 아동에게 영향을 미치는 어떠한 사항에 대해 의견을 표명할 권리를 인정하는가에 관한 문제로, 의사 표명권의 성질을 파악할 수 있다는 측면에서 중요하다. 협약은 '아동에게 영향을 미치는 모든 사항'이라고 함으로써 그 대상을 광범위하고 포괄적으로 규정하고 있다. 여기에는 아동의 인격에 관한 사항을 핵심으로 하는 사안과 아동의 최선의 이익을 판단하는 데 필요한 사항뿐만 아니라, 사실상 아동과 이해관계가 있는 모든 사항이 여기에 포함된다고 볼 수 있다.[155] 결국 대상의 범위는 구체적 사정에 따라 탄력적으로 정해지는 것으로 볼 수밖에 없다.

二, "子どもの権利条約の起草段階の研究ー子どもの意見表明権の存在意義を中心にー", 永井憲一 編, "子どもの権 利条約の研究[補訂版]", 159–160頁 (法政大學出版局 1995); 박주영, 앞의 논문, 164면; 박한비, 앞의 논문, 39면.

154 이종희, 앞의 논문, 30–31면; 박주영, 위의 논문, 175–178면.

155 藪本知二, 前掲論文, 162頁; 김용화, "아동권 보장을 위한 입법적 · 정책적 대안", 「아동과 권리」 제15권 제3호 통권46호, 한국아동 권리학회, 2011, 297면; 안동현, "유엔 아동 권리 협약의 의의와 과제", 「아동권리연구」 제3권 제2호 통권6호, 한국아동권리학회, 1999, 37–38면; 박주영, 위의 논문, 164면; 이병화, 앞의 논문, 187–194면 참조.

(3) 표명된 의사의 반영 여부

제1항 후단에서는 아동으로부터 청취한 의사는 그 아동의 연령과 성숙도에 따라 고려하여야 한다고 규정하고 있다. 자신에 관한 문제는 자기 자신이 결정한다는 것은 인간에게 있어서 당연한 것이며, 이것은 인격의 존중 또는 개인의 존엄에서 도출되는 것이라 할 수 있다. 또한 평등 원칙에 근거하여 성인에게 인정되는 권리는 아동에게도 인정된다고 보아야 하므로, 아동 역시 자기 결정권을 기반으로 자신에게 영향을 미치는 사항에 관하여 판단을 내릴 권리가 있다. 다만 아동은 육체적 · 정신적으로 미숙하고 성장 · 발달 과정에 있기 때문에 자녀의 보호라는 관점에서 아동의 판단에 대해서는 그 연령과 성숙도에 상응하는 비중이 부여되어 있는 것이라고 해석된다. 그러므로 아동의 의견을 듣고 무시해서도 안 되지만, 다른 한편으로는 아동의 의견을 연령과 성숙도에 상응하여 고려한 결과 그것을 반영시키지 않았다고 하여도 이 조항에 위반되는 것은 아니다.[156] 즉 이러한 요구는 아동의 의견도 사안을 판단하고 해결하는 자료로 인정하여야 한다는 것이지, 반드시 이에 구속되어야 한다는 것을 의미하는 것은 아니다. 그러나 문언상 국가에 대해 "상응하여 고려하여야 한다."는

---

156 波多野里望, 前揭書, 80頁; 박주영, 앞의 논문, 165면; 김보람, 앞의 논문, 72–73면 참조; 이병화, 앞의 논문, 183면.

작위 의무를 발생시키는 것으로, 절차상의 권리로서의 성격을 가지고 있다. 이때 국가에 대해 어떠한 방법과 어느 정도로 아동의 의견을 '고려'하도록 요구할지가 문제인데, 역시 이 점에 대한 판단은 당사국의 재량에 맡겨두고 있다.[157]

나. 제2항

협약 제12조 제2항은 의사 표명의 자유를 보장하고 있는 제1항에 대한 특칙으로, 절차적 정의라는 측면에서 볼 때 매우 중요한 아동의 사법 절차상 의사 표명권에 관하여 규정하고 있다. 이는 특히 사법 절차상 종래 아동에게 영향을 미치는 재판을 함에 있어서 아동의 의사가 별로 존중되지 않았다는 반성적인 고려에 기인한 것이라고 볼 수 있다. 제2항에서는 권리 주체를 '아동'으로 규정하고 있을 뿐, 제1항에서와 같은 제한을 두고 있지 않은 반면 그 대상을 '사법상 및 행정상의 절차'에 한정하고 있다. 또한 권리의 내용은 '의견을 표명할 기회의 부여'로 의견 청취는 '국내법의 절차법적 규칙에 합치하는 방법'에 따르는데, 청취된 의견을 어떻게 반영할 것인가에 관해서는 언급이 없다. 실제로 청취된 아동의 의견을 고려할 때에는 아동과 부모

---

157 박주영, 위의 논문, 165면.

의 의견이 다르거나 아동의 의견과 국가가 판단한 아동의 최선의 이익과 다른 경우에 어떠한 것을 보다 우위에 둘 것인지, 또한 아동의 연령, 성숙도나 판단의 대상이 다를 때 아동의 의견에 비중을 얼마나 둘 것인가 등의 문제가 발생하는데, 이는 모두 당사국의 재량에 맡겨져 있는 것으로 해석된다.[158]

협약은 청취 절차에 관해서 아동 본인으로부터의 직접 청취, 대리인을 통한 청취, 그리고 적절한 기관을 통한 청취라는 세 가지의 방법을 정하고 있다. 이 규정을 제1항과 관련지어 생각해 보면, 자신의 의견을 형성할 능력이 있는 아동의 경우에는 직접 본인으로부터, 자신의 의견을 형성할 능력이 없는 아동의 경우에는 대리인 또는 적절한 기관을 통하여 청취할 것을 주문하고 있는 것으로 해석할 수 있다. 그러나 이때에도 어떠한 경우에 '대리인'이나 '적절한 기관'에 의할 것인지, 또 무엇을 기준으로 '대리인'과 '적절한 기관'을 구별할 것인지가 문제된다.[159]

---

158 안소영, "입양법제의 개선 방안–헤이그 국제 입양 협약의 비준에 즈음하여", 이화여자대학교 대학원 박사학위, 2015, 61–62면.

159 안소영, 위의 논문, 62–64면.

3. 성씨 변경과 자의 의사 표명권

　행위 능력이 없는 미성년인 자에게 있어 자녀의 복리를 실현하기 위한 중요한 절차적 권리인 아동의 의사 표명권은 아동의 인권을 보호할 수 있는 최소한의 권리이고 특히 자녀를 일순위에서 보호해야 할 가정 내에서 그 법정 대리인인 부모와 자녀의 의사가 다를 경우에 큰 의의를 지닌다. 또한 이러한 상황에서 자녀의 권리를 보호할 수 있는 제도적 장치가 전혀 없는 법적 현실에서는 이를 더 주목하여야 하는 상황이다. 따라서 아동 권리 협약이 규정하고 있는 것처럼 아동에게 영향을 미치는 모든 문제에 있어서 아동의 의견을 들어보고 이를 존중하여야 한다. 그런데 성의 변경 문제는 다른 어떠한 가사 사건보다 자녀 자신에게 직접적인 영향을 미치는 중대한 사안이다. 오랜 기간 동안 우리나라에서 성은 혈통의 표지로서 절대 불변의 것으로 인식해 왔으나 현대 국가에서 가장 중요한 것은 개인의 존엄과 가치 및 행복이므로 전통 수호의 차원에서 성을 계속 유지하는 것도 중요하지만 성의 변경을 인정하지 않고 유지하는 것이 개인과 가정에 주는 고통이 지나치다는 합의에서 성의 변경이 허용되고 있다. 성의 변경 혹은 유지를 위해 노력하는 것은 성이 가지는 중요성을 국민 일반이 인식하고 있기 때문이다.[160] 따라서 이러한 성의 변경 문제는 자녀의 현재와 장래에 있어 직접적인 영향을 미치기 때문에 성에 관한 자녀의 권리성을 인정하고 그것을 절차적으로 뒷받침할 수 있는 의사 표명권의 보장이 필요하다.

---

160 김유미, "아동 권리에 관한 국제 협약과 우리 민사법", 「비교사법」 제9권 제4호 통권19호, 한국비교사법학회, 2002, 350-360면; 최성호, "변론주의와 적극적 석명권에 관한 연구", 「법학논고」 제37집, 경북대학교 법학연구원, 2011, 10., 294-296면 참고.

제3절 성씨 제도의 문제점

Ⅰ. 부모의 성씨 기능의 문제

1. 양성평등 원칙 관점에서의 문제

헌법에서 자는 부의 성과 본을 따른다고 하여 성씨의 승계에 관하여 원칙적으로 부 성을 승계하도록 하고 있다. 그러나 양성의 평등을 주장하는 입장에서는 이와 같은 성씨 승계의 문제에 대하여 비판의 목소리가 제기되었으며 가족 내에서의 양성평등을 위하여 자녀들의 성은 부모의 양 성을 함께 승계하도록 하여야 하다는 주장이 지속적으로 요구되고 있다. 일부 페미니스트들을 중심으로 양 성을 병기하여 사용하는 여성들이 나타났었다. 그들은 부성주의는 양성 불평등하고, 딸을 낳으면 성이 끊기게 되어 남아 선호 사상의 확대에 기여하는 것이므로, 부계 중심의 성씨 제도를 모계의 성씨와 함께 사용하여야 할 것이라고 주장하였다.[161] 또한 이혼과 재혼의 비율이 점점 높아지고 있는 현실에서 부의 성만을 법으로 강제하는 것은, 현실의 다양하고 다변하는 가정의 형태를 수용하지 못하고, 이혼 혹은 재혼 가정을 사회적으로 낙인찍는 결과를 나을 수 있다는 견해가 지속적 제기되고 있다.[162]

그러나 사회적으로 큰 반향을 일으켰던 부모 성 함께 쓰기 운동은 세대가 계속될수록 어려움에 봉착했고, 이 또한 평등의 문제에서 자유롭지 못하다는 문제가 제기되면서 성이 현재 한 자에서 두 자, 두 자에서 네 자로 성이 계속 길어진다는 비판이 있었다. 이러한 상황에 성을 선별하자는 견해가 대두되었으나 성을 선택하여 사용할 수 있다는 견해는 가족 구성원들 간의 문제로, 결국 성이 달라져서 성의 기본적인 기능을 상실하게 되고 성이라는 것 자체가 무의미한 상황으로 발전할 소지가 있으므로 자의 성을 부모가 결정하고, 선택한다는 것은 혈통의 동일성을 전혀 나타내지 못하고, 성씨 무용론과 같은 결론에 이를 수 있다. 부모가 자의 성을 선택할 수 있게 한다면, 같은 형제자매인 경우에도 성이 달라질 수 있고, 부모의 성이 아닌 제3의

---

161 이새라, "양성평등의 관점에서 오늘날 한국의 성씨 제도의 법철학적 고찰–자녀의 성 변경을 중심으로", 「강원법학」 제47권, 강원대학교 비교법학연구소, 2016. 2., 420면; 신정모라, 「공자를 울린 여자」, 과학과 사상, 1997, 15–16면.

162 김병두, 앞의 논문, 2006, 70면.

성으로의 변경도 희망하게 될 수 있다.

　자녀들은 아버지와 어머니의 유전자를 물려받는데, 이 두 가지를 혈연관계를 성에 나타내는 것은 쉽지 않다. 성은 같은 가계임을 확인할 수 있게 하기 위하여 일정 부분 지속성을 지녀야 하는데, 세대마다 성이 달라진다면 그 기준 역할을 하지 못하게 된다. 결국 성을 사용한다면 부계 성을 따르거나 모계 성을 따르는 것 중 하나를 선택하여야 한다. 통일적인 기준을 사용할 때 사회에서 성을 유지하고 사용하는 기능을 잘 수행해 낼 수 있다. 위에서 살펴본 바와 같이 부모 성을 함께 쓰거나 부모의 합의와 자의 복리를 위한다는 법원의 결정을 통해 넓은 예외를 설정하는 것은 혈통을 나타내지 못하고, 성을 유지하는 기능을 하지 못하여 결국 성씨 무용론과 같은 결과가 도출될 수 있다. 즉 성이라는 것이 혈통의 표현으로서 인식되고 있는 상황에서는 성은 동일하게 부여해야 할 것이다.[163]

　부모 성 함께 쓰기나 성의 선택에 대한 이러한 비판에 대하여 부 측에서는 부계 성, 모 측에서는 모계 성, 이렇게 조합하여 성을 사용하자는 견해가 제시되었다. 그러면 현재의 한쪽 혈통만을 제시하는 것보다 더 합리적이고 평등할 수 있다는 것인데 우리나라의 경우 거

---

[163] 이새라, 앞의 논문, 421면; 김재국, "현대 여성의 성씨에 관한 권리", 「민사법연구」 제8권, 대한민사법학회, 2000, 107면.

의 대부분의 성이 한 자인 단성으로 부모의 성을 함께 사용하여 두 자(두 자에서 네 자)인 복성으로 변화하게 되면 성이 길어지게 되고, 부계의 성을 모계의 성보다 앞에 쓰는 방법으로 조합하는 것도 모계의 성은 모의 부계의 성을 원초로 하기 때문에 여전히 평등의 관점에서 비판은 남아 있게 된다.[164]

그렇다면 어떠한 기준을 설정하여야 하는가? 아버지의 성을 따르든 어머니의 성을 따르든 통일적으로 혈통을 나타낸다면, 가족과 근친혼의 문제를 해결할 수 있는 기준이 될 수 있고 가족과 친족 간의 동질감을 높일 수 있다. 결국 자녀가 부모 중 누구의 성을 따를 것인가는 사회생활 속에서 사회 구성원들의 합의를 통하여 그 기준이 정립됨이 바람직할 것이다. 그리고 부모의 성 모두는 선택의 문제로 평등하지 않다고 판단할 수 없는 문제이다. 성씨 제도를 유지하고자 한다면 이 둘 중 하나의 선택은 반드시 요구되고, 이 두 가지 모두 타당성이 인정되는 것으로 보아야 할 것이다. 다만 성을 처음 사용하게 된 이유는 외연상 확인되는 어머니와 달리 아버지를 나타내 주기 위하여 아버지의 성을 따르게 된 것이라는 견해도 설득력이 있다 하겠다. 이러한 인식이 전 세계적으로 오랫동안 지속되어 일정 부분 사회

---

164 신정모라, 앞의 책, 17-20면.

내에서 그리고 사람들의 의식 구조 속에 자리 잡았다 할 것이다. 따라서 지금까지 사용하였던 성을 바꾸는 번거로움보다는 계속 유지하는 것이 성씨 제도의 기능과 현실적인 문제를 고려하였을 때 더욱 설득력이 있지 않을까 한다.

성 제도는 국민적 합의가 도출되어야 하고, 그 전제로 성의 관념 내지 성질에 대한 고찰이 자양분(滋養分) 역할을 하여야 할 것 인데, 헌법재판소의 헌법 불합치 판결로 인하여 국민의 상당수가 공감하지 않는 방향으로 법이 개정되었다는 비판이 있다. 민법상 성이 같고 다름에 따라 실체적인 권리 의무가 달라지는 것이 아니기 때문에, 실체법적으로 성의 성격을 구명하는 것에는 그 실익이 많지는 않을 수 있다.[165] 현행 민법은 성 불변의 원칙을 수정하여 민법의 줄기를 바꾸려고 하였고, 부 성 강제주의를 완화하여 부성주의를 원칙으로 협의에 의해 모 성을 따를 수 있도록 개정하였지만 여전히 전통적인 부성주의 근간이 있는 상태이다. 그래서 헌법이 보장한 제11조, 제36조 제1항을 바탕으로 완전한 양성평등이 되기 위해서 보다 신중한 접근과 국민적 합의가 반드시 필요한 부분이라 할 것이다. 성이 역사적 산물로 필연적인 것이 아니라면 헌법이 보장한 양성평등을 바탕으로

---

165 김병두, 앞의 논문, 70–74면; 이새라, 앞의 논문, 422면.

혈통주의를 어느 정도 완화할 수 있는 부성주의는 존재할 수 있을 것이다.[166]

2. 부성주의 예외에서의 자의 복리의 문제

자녀가 부의 성을 따르고 그 성을 변경하지 못한다는 원칙의 성씨 제도를 유지한다면, 어느 정도 예외를 인정하는 것이 타당할 것인가에 대한 논의가 필요하다. 헌법재판소는 부성주의 자체는 위헌이 아니지만, 부의 사망과 이혼으로 모가 단독으로 친권을 행사하고 양육할 경우, 입양이나 재혼 등과 같이 새로운 가족 관계를 형성하는 경우에도 친부의 성을 고수하게 하는 것은 타당하지 않으므로 예외를 인정하여야 한다[167]고 하였다.

민법 제781조는 이러한 헌재의 예외적인 예를 통하여, 혼인 신고 시 부부가 모의 성을 따르기로 협의한 경우, 혼인 외의 자가 인지된 경우, 자의 복리를 위한 경우 등 부성주의의 예외를 인정하였다. 혼

---

166 이새라, 위의 논문, 422-423면.
167 출생 직후의 자에게 성을 부여할 당시 부가 이미 사망하였거나 부모가 이혼하여 모가 단독으로 친권을 행사하고 양육할 것이 예상되는 경우, 혼인 외의 자를 부가 인지하였으나 여전히 모가 단독으로 양육하는 경우 등과 같은 사례에 있어 일방적으로 부의 성을 사용할 것을 강제하면서 모의 성의 사용을 허용하지 않고 있는 것은 개인의 존엄과 양성의 평등을 침해하며 또한 입양이나 재혼 등과 같이 가족 관계의 변동과 새로운 가족 관계의 형성에 있어서 구체적인 사정들에 따라서는 양부 또는 계부 성으로의 변경이 개인의 인격적 이익과 매우 밀접한 관계를 가짐에도 부 성의 사용만을 강요하여 성의 변경을 허용하지 않는 것은 개인의 인격권을 침해한다(헌법재판소 2005. 12. 22. 선고 2003헌가5·6 결정).

인 신고 시 부부가 모의 성을 따르기로 협의한 경우에는 양성평등의 관점에서 부성주의의 예외이고, 그 이외의 경우에는 양성평등보다는 자의 복리를 근거로 한다. 법원은 자의 복리를 위한 자녀의 성 변경의 경우를 폭넓게 인정하고 있고, 부성주의의 대부분이 이 경우에 해당하므로 자의 복리를 중심으로 보면 부의 범죄 행위나 가정 폭력 등을 이유로 이혼 후 자가 모의 성으로 변경을 하고자 하는 경우도 자의 복리를 위하여 성의 변경은 가능하다[168] 할 것이나, 계부의 성으로 자녀의 성을 변경 신청하는 것이 다수를 이루었다.[169]

현재 법 제도는 부성주의의 예외가 너무 넓다. 개정 민법은 자의 성씨를 변경할 수 있는 요건으로서 '자의 복리를 위하여 성을 변경할 필요가 있는 때'라고 하여 일반적으로 규정하고 있고, 자의 복리를 구체적으로 어떻게 해석해야 할지의 문제는 법원의 재량에 맡겨져 있다. 2009년 대법원 결정[170]으로 조금 구체적인 판단 기준이 제시되었지만 그 예외의 인정 범위가 매우 넓고, 여전히 재량권도 큰 편임을 부인할 수 없다. 또한 부부의 협의로 인하여 모의 성을 따를 수 있고, 자의 복리를 위하여 성을 변경할 수 있다는 것은 부성주의가 가

---

168 김주수 · 김상용, 「친족 · 상속법:가족법」, 법문사, 2010, 266면.

169 주20 참조.

170 대법원 2009. 12. 11. 선고 2009스23 판결.

지고 있는 기능을 상실함을 의미한다. 혈연관계를 상징하는 성씨 제도에서 계부의 성을 따를 수 있도록 하는 것은 타당하지 않고, 혼인과 이혼이 자유로운 오늘날 예외의 범위가 지나치게 넓다. 무엇보다 '자의 복리를 위하여'라는 법조문과 이에 대한 우리 판례의 해석은 성씨 제도의 예외를 넓혀 원칙을 흔들고 있다고 할 것이다.[171]

판례에서는 자의 복리를 위하여 성 변경이 필요한 경우, 즉 비교 형량을 통하여 나이와 성숙도를 감안하여 자 또는 친권자·양육자의 의사를 고려하여야 하며, 자의 성·본 변경이 이루어지지 아니할 경우에 내부적으로 가족 사이의 정서적 통합에 방해가 되고 대외적으로 가족 구성원에 관련된 편견이나 오해 등으로 학교생활이나 사회생활에서 겪게 되는 불이익의 정도와 성·본 변경이 이루어질 경우에 초래되는 정체성의 혼란이나 자와 성·본을 함께하고 있는 친부나 형제자매 등과의 유대 관계의 단절 및 부양의 중단 등으로 인하여 겪게 되는 불이익의 정도, 이 두 가지를 비교 형량하여 전자가 더 크다면 원칙적으로 자녀의 성과 본은 변경되어야 한다는 입장이다. 그리고 구체적인 기준에 관하여는 개별 판례를 통하여 이론을 형성해가고 있으며 그 판단은 개개 사건에 따라 판사의 몫으로 고스란히 남

---

171 김성은, 앞의 논문, 301면.

겨져 있다.[172]

　판례는 재혼 가정의 아이들에서 계부의 성의 변경을 폭넓게 인정하였고, 성으로 인하여 놀림을 받는다는 이유로 모의 성으로의 변경도 인정하는 등 그 예외의 범위를 매우 넓게 인정하고 있다. 그러나 이처럼 미래 세대에 큰 영향을 미치게 되는 성씨 제도의 변경 기준을 설정함에 있어, 무엇이 진정으로 아이들의 복리를 위한 것인지, 무엇이 평등의 관점에서 타당한 것인지에 관한 논의 없이, 개별 사례마다 판례를 통하여 정립하는 것은 타당하지 못하다 할 것이다. 계부의 성을 따라 성을 변경하였다가 재혼한 모의 이혼으로 다시 친부의 성으로 변경을 요청한 경우도 발생하고 있으며, 성 변경으로 인하여 친부와의 관계가 회복되지 못하고 양육비나 면접 교섭권 등의 문제에 심리적 영향을 끼칠 위험도 있다. 또한 성 변경을 결정하는 자녀들의 나이가 어린 경우에는 자녀들이 성장하여 어떠한 영향을 미칠 것인지에 관한 전문가적인 논의도 결여되어 있다고 할 것이다.[173]

172 이새라, 앞의 논문, 422–423면.
173 이새라, 위의 논문, 424–425면.

3. 재혼 가정 자녀들의 성씨 기능의 문제

부성주의 원칙과 성 변경에 대한 논의는 재혼 가정 자녀들의 사회적 차별에서 그 논의가 활발해진 것이다. 그래서 모의 재혼으로 계부와 함께 지내는 자녀들이 학교나 사회에서 차별 받지 않도록 계부의 성을 따라 성을 변경할 수 있도록 하자는 논의가 오래 지속되었고, 페미니스트들도 이에 동조하여 법의 개정을 이루어냈다. 자녀의 성 변경은 자의 복리와 가족의 일체감을 형성하기 위하여 바람직하다는 견해는 충분히 설득력이 있다. 형제자매 간에 성이 다르다면 혈통의 동질성을 전혀 나타내지 못하고 이는 가족적 연대감의 상실로 이어지게 될 수도 있기 때문이다. 그러나 이 근거는 계부 가족이나 친부와도 마찬가지로 부모의 이혼과 재혼으로 친형제자매가 다른 성을 사용하는 것이 어쩌면 더 큰 문제 일 수 있다.[174]

현 법 제도상 모의 재혼으로 계부의 성으로 변경할 수 있는 방법은 두 가지인데 하나는 계부의 성으로 성을 변경하는 것이고, 다른 하나는 친양자 제도를 이용하는 것이다. 이 두 가지 제도를 살펴보면 다음과 같다.

---

[174] 이희배, "호주제 폐지 · 근친혼 금지 · 친양자 제도 신설 등—2005년 개정가족법 개관", 「경희법학」 제39권 제3호, 경희대학교 법학연구소, 2005, 163–165면.

가. 자의 성씨 변경

자의 성 변경은 법률상 혈연관계는 변동하지 않고, 자의 복리를 이유로 자의 성을 계부의 성으로 변경하는 것이다. 자녀의 성 변경은 15세 미만 미성년자가 가능하고, 대부분 취학 전 아동을 대상으로 행하여지므로 그들은 자신의 삶을 판단하기에 너무 어리다. 자녀의 성을 변경하더라도 친생 부모와 친족 관계가 변동되는 것도 아니고, 성을 따른 계부와 친족 관계가 형성되는 것도 아니기에 가족 관계 증명서에는 여전히 친부가 적시되고, 주민 등록 등본에도 계부의 동거인으로 기록된다. 가족 관계 증명서에 친부와 성이 달라 성 변경 사실이 그대로 드러나며, 계부와도 주민 등록 등본으로도 성만 같을 뿐 부자지간으로 보여 지지는 않는다.[175]

부모가 이혼하면서 여러 자녀들의 친권과 양육권을 각각 맡을 경우에는 성 변경을 통하여 친형제들 사이에도 다른 성을 사용할 수 있게 된다. 더욱이 재혼한 모가 이혼을 할 경우에는 그 자녀의 성은 혈연과는 무관한 모의 전남편의 성을 계속 혼자 쓰거나 다시 성을 변경하여야 하는 것이다. 이러한 측면에서 본다면, 자의 복리를 위하여 성의 변경을 허락한다는 법원의 판단이 타당한 것인지도 의문스럽다.

---

175 물론 주민 등록상 세대주를 모로 한다면, 재혼 가정의 자녀임을 드러나게 하지 않을 수 있다. 세대주인 모를 중심으로 관계가 나타나기 때문이다(이새라, 앞의 논문, 426면).

아직 미성숙한 자녀의 성을 계부의 성으로 바꿀 수 있도록 하는 것은 혼인과 이혼이 더욱 자유로워지는 사회에서 자녀의 성을 몇 번이나 바꿀 수 있는 문제가 있기 때문이다. 재혼 가정의 경우 통계적으로 이혼율이 더 높다.[176] 자의 성 변경이 정말 자의 복리에 도움이 되는지는 각 분야의 전문가들과 더 논의가 필요함에도 불구하고, 성급하게 제도를 변경한 것은 아니었는지 의문이 든다.

결국 사회적 편견에 대한 문제를 해결하고자 하였던 자녀의 성 변경 문제는 성씨 제도를 유지하는 이유에 맞지 않을 뿐만 아니라 양성평등하지도 못하다.[177] 재혼 가정에서는 변형된 형태의 부성주의로 이어져, 이는 양성평등과 더욱 거리가 멀며 혈연관계를 기초로 하는 성의 기능과도 무관하다 할 것이다. 결국 성 변경은 모의 재혼 사실을 사회적으로 알게 하지 않는 일시적이고 불완전한 기능 밖에 없어 보인다. 또한 자의 복리를 위한다는 일반적인 요건으로 가정 법원에 지나친 재량권을 부여하는 결과도 바람직하지 않다. 포괄적 위임을 법원에 할 경우 동일한 사안이라도 재판부의 구성에 따라 반대의 결과가 나올 수 있기 때문이다.[178] 현재 판례를 통하여 형성되어 가고는

---

176 주22 참조.

177 이새라, 앞의 논문, 426면; 김성은, 앞의 논문, 301–302면.

178 김병두, 앞의 논문, 87면.

있지만, 지금 바로 확인도 되지는 않는 자의 복리라는 개념으로 폭넓게 성의 변경을 인정하였던 판례의 태도를 비판적으로 재점검해 보아야 할 것이다. 즉 성 변경의 요건을 제한적 범위 내에서 인정하되, 인정되는 사항을 보다 구체적으로 적시하여 명문으로 규정하는 것이 타당할 것이다.[179]

나. 친양자 제도의 성씨 변경

모의 재혼으로 계부의 성으로 변경할 수 있는 다른 한 방법은 친양자 제도이다. 계부의 성으로 바꿀 수 있는 방법으로 알려져 있는 친양자 제도는 성을 바꾸는 것이 아니라 법률상 친자와 같은 양자 제도라고 보는 것이 타당하다.[180] 양자는 양자가 된 후에도 종래의 성과 본을 그대로 갖는데, 이는 양자라는 사실이 외부에 공시되어 입양 신고에 의한 입양을 기피하는 중요한 요인이 되었다. 또한 양자는 양친 측과의 사이에 친족 관계를 가지면서 동시에 친생 부모 측과의 친족 관계도 그대로 유지한다. 이와 같은 이중의 친자 관계 형성이 양자에게 심리 · 정서적으로 불안을 야기하고, 양친도 친생 부모의 존재로

---

179 이새라, 앞의 논문, 427면 참조.

180 이해일, "친양자 입양", 「지방행정」 제56권, 대한지방행정공제회, 2007, 122면.

인하여 자에 대한 불안감을 갖게 되어 결과적으로 자의 건전한 성장에 바람직하지 못한 결과가 초래되게 될 뿐만 아니라 양자와 친생 부모 측과의 사이에 부양과 상속을 둘러싼 분쟁을 일으키기 쉬워 친생부모 측과의 친족 관계를 단절하고 양친의 친생자처럼 취급하는 제도 도입이 오랜 기간 제기되었던 것이다.[181]

따라서 성을 변경하는 것이라기보다는 친부모와의 법률상 부자 관계를 상실하고, 양부모와 법률상 부자 관계를 형성하게 되어 법률상 부자 관계로 권리 의무가 발생하게 되는 것이다. 즉 성 변경이라기보다 친양자가 되어 친부와의 법률관계가 단절되고, 계부와 법률상 부자지간이 되는 것이다. 친양자는 양자가 마치 양친의 친생자인 것처럼 양친의 성과 본을 따를 뿐 아니라 가족 관계 등록부에도 양친의 친생자로 기재되고, 양부모의 자녀로 출생한 것으로 간주되며, 실제 생활에서도 마치 양친의 친생자처럼 입양 가족의 구성원으로 편입·동화되도록 하기 위하여 생성된 제도이다.[182] 자녀를 입양함으로써 마치 친자처럼 성과 본이 양부모의 것과 동일하게 바뀌고 양부모와 배타적인 부모 자녀 관계를 형성하여 국내 입양의 저조와 같은 문

---

181 이승우, "친양자 제도 소고", 「아세아여성법학」 제2권, 아세아여성법학연구소, 1999, 95-96; 이새라, 앞의 논문, 428면.
182 이은주, "자의 복리를 위한 친양자 제도", 「민사법연구」 제21권, 대한민사법학회, 2013, 57면.

제를 해소할 수 있고, 입양의 활성화 및 양성화할 수 있는 장점이 있다.[183] 양자의 성 변경에 대한 논의는 지속적으로 제기되었고, 양부의 성씨로 변경을 인정하는 예외를 인정하는 것이 법 감정에도 부합한다. '가슴으로 낳은 자식'이라는 말에서 알 수 있듯이, 자신의 친자와 같이 입양을 하는 것이고, 상호 간에 부자 관계 형성을 희망하고 있기 때문이다.[184]

이처럼 친양자 제도는 재혼한 배우자와 더불어 자녀를 받아들이는 것이 아니라, 친생자와 같이 양자로 입양을 하는 것이다. 따라서 재혼한 모의 이혼이나 사망이 친양자 관계를 소멸하는 것이 아니고, 법률상 파양을 통하여만 계부와 자녀 사이의 법률상 부자 관계가 해소된다. 이혼 후 혼자 키우던 자녀를 재혼한 부의 성으로 바꾸어 주기 위해 친양자 입양을 한 경우가 많이 발생하였는데, 재혼이 파탄되어 이혼하게 된다면 복잡한 문제가 발생할 수 있다. 부부는 이혼하고 파양은 되지 않는 것이다.[185] 즉 이혼과는 무관하다. 이에 자의 복리 관점에서 친양자 파양의 요건을 엄격하게 강화하고 있고, 더욱 그 강화를

---

183 양현아, "특집 6월 항쟁 이후 20년에 대한 법사회학적 평가—1987년 이후 가족법의 변화에 관한 법사회적 고찰", 「법과 사회」, 법과 사회이론학회, 2007, 121면.

184 이새라, 앞의 논문, 428면.

185 이해일, 앞의 논문, 125면.

요청하고 있다. 그러나 이혼과 더불어 파양을 청구하거나 실질적 파양이 일어나는 경우가 적지 않다.

모의 재혼에 의해 친양자로 입양된 경우 학대 또는 유기 등 파양을 매우 엄격한 요건에서만 인정하면 문제가 없으나, 최근 계부가 이혼을 이유로 친양자를 상대로 파양한 경우에 우리 판례는 파양을 허가하기도 하였고, 파양을 허가하지 않는 경우도 있는 등 개별적 사안에 따라 판단하고 있는 실정이다. 그러나 파양이 허가되지 않은 경우에는 자의 복리를 위하여 가혹하다는 비판과 혈연관계인 부모가 있음에도 불구하고 전 계부가 양육의 부담을 안게 된다는 점에서 법 감정에는 아직 맞지 않는다는 비판이 제기되었다. 자녀를 친모가 양육한다고 할 때, 친양자 제도로 인하여 양육의 의무를 지는 계부는 양육비를 지불해야 하고 사후 상속도 진행된다. 친부도 책임을 지지 않아도 될 지불을 해야 하고 또 사후 상속도 진행되는 것이다. 이혼 후 친부도 책임을 지지 않는, 혈연관계가 아닌 자의 양육을 부담해야 하고 자신의 재산도 상속해 주어야 한다는 부담감은 가질 수 있다. 처음부터 재혼을 전제로 자로 받아들인 경우가 많기 때문에, 이혼 후 입장과 생각이 충분히 달라질 수 있다. 하지만 혈연 의식이 매우 강한 우리의 풍토에서 우리의 정서와 얼마나 맞닿아 있는지는 의문이다. 일반적으로 부부가 양자를 친양자로 입양한 경우와 재혼하면서 일방

배우자의 자녀를 친양자로 입양한 경우에는 법 감정과 정서상 동일하다고 볼 수 없기 때문이다.[186]

원칙적으로는 친부의 동의를 요구하고 있기에 자녀에게 상처가 될 수 있다. 부모의 이혼에도 여전히 자녀의 부모로서 자녀를 양육하고 보호할 의무가 있는데, 부가 자신과의 법률상 부자 관계 단절에 동의하여 주었다는 것은 자녀에게 사랑받지 못하거나 버림받는 것 같은 느낌을 줄 수 있다는 것이다. 부모의 이혼으로 함께 살지 못하는 부와도 잘 지낼 수 있게 하는 것이 자녀의 복리를 위한 것이라는 견해도 존재한다. 또한 대부분 자녀들이 너무 어려 스스로 결정할 수 없는 미성년 시기에 이루어지기 때문에 성장 과정에서 자녀들에게 상처가 될 수 있다. 그리고 친양자 입양이 취소되거나 파양이 된다면, 친양자 관계는 소멸하고 입양 전의 종전의 가족 관계가 부활한다. 따라서 계부의 성을 따랐던 친양자의 성과 본도 다시 친생 부모의 성에 따라 바뀌게 되어, 자의 성은 또다시 바뀌게 되고, 재혼과 이혼이 거듭되면서 수없이 반복적인 결과를 야기할 수도 있다.

이러한 관점에서 가정 법원이 입양의 허부를 심사할 때에는 친양자 입양에 있어서 친부와의 법적 관계의 단절이 자녀의 복리를 위한

---

186 이새라, 앞의 논문, 429–430면.

불가피한 선택이라는 점을 고려하여 아동의 복리를 기준으로 엄격하고 신중해야 한다. 가정 법원은 친양자로 될 자의 복리를 위하여 그 양육 사항, 친양자 입양의 동기, 양친의 양육 능력 등 그 밖의 사정을 고려하여 친양자 입양이 적당하지 않다고 인정되는 경우에는 입양 청구를 기각할 수 있는데, 이와 같은 법원의 후견적 기능을 발휘하게 되는 자의 복리라는 개념은 사실 법학보다는 다른 학문에서 연구되어 온 개념으로, 다양한 전문가들의 목소리에 귀를 기울여 판단하여야 할 것이다. 또한 당사자인 부모도 자녀의 복리 관점에서 장기적으로 신중하게 접근해야 한다. 단순히 재혼 가정임을 숨기고 싶다거나 현재 친부가 양육비를 주지 않거나 자녀를 만나러 오지 않는다는 이유로 회복 가능성이 있는 친부와 자녀 사이의 법률관계를 단절하는 것은 타당하지 않다. 또한 친부의 경우 친양자에 대한 동의를 하였을 때 양육비 등 의무가 없어지며 면접 교섭권 등 어떠한 권리도 남아 있지 않게 되어 법률적 부자 관계가 해소되므로 자를 위하여 고민할 필요가 있다. 그리고 계부의 경우에도 한 아동을 자신의 자녀로 입양하는 것이고 이는 재혼과 무관한 것이므로 보다 신중한 접근이 필요하다 할 것이다.

II. 인공 수정에서의 문제

인공 수정에서의 문제는 부부가 아닌 제3자의 정자 또는 난자가 사용되는 경우이다. 민법 제781조 제1항에 의하면 "자는 부의 성과 본을 따른다. 다만, 부모가 혼인 신고 시 모의 성과 본을 따르기로 협의한 경우에는 모의 성과 본을 따른다."고 하였다. 여기서 "자는 부의 성과 본을 따른다."는 원칙은 부계 혈통 및 부성주의를 같은 개념으로 보기 때문에 문제가 된다. 제3자의 정자에 의한 인공 수정이 부의 동의 하에 이루어진 경우에는 정자를 제공한 제3자가 부로서의 권리와 의무를 의도한 것이 아니며 인공 수정이 성적 결합에 의한 것도 아니므로 제3자와 출생자 간에 친자 관계를 인정할 수는 없을 것이다.[187] 따라서 자는 부의 성과 본은 따르게 된다. 그러나 부가 동의하지 않았음에도 불구하고 처가 인공 수정을 한 경우에는 부에게 친생 부인권(親生否認權)이 인정된다. 친생 부인권이 인정되면 자는 모의 혼인 외의 자로서 취급될 것이다. 하지만 부가 동의한 뒤 심적 변화를 일으켜 친생 관계를 부인하는 경우, 판례는 친생 부인의 소를 제기 할 수 없다[188]고 하였다.

---

187 박정기 · 김연, 「친족 상속법」, 탑북스, 2013, 228–231면; 조승현, 「친족 · 상속 제4판」, 신조사, 2014, 219–222면.

188 서울가정법원 1986. 1. 15. 선고 86드5884 판결; 서울가정법원 2002. 11. 19. 선고 2002드단53028 판결.

한편 부의 정자와 제3자의 난자에 의한 체외 수정의 경우에는 모자 관계의 인정에 있어서 문제가 있으나, 부의 정자를 사용하였으므로 부 성 추정에는 문제가 없게 되어 민법 제781조 제1항에 의한 부 성주의에 따라 자는 성과 본을 따르게 된다. 그리고 제3자의 정자와 제3자의 난자에 의한 체외 수정의 경우에도 정자나 난자의 제공자에게는 인지 청구가 인정되지 않는다고 볼 것이다. 이 경우 부부가 동의하여 인공 생식을 수행할 때에는 친생 부인권이 인정되지 않으며, 자는 부의 성과 본을 따르게 된다.[189]

　인공 생식에 있어서 부의 정자를 사용하지 않은 인공 생식의 경우 부자 관계는 자연적 혈연관계에 근거하는 것이 아니라 법적으로 혈연관계를 의제하는 것이므로 인공 생식을 통한 친자 관계에 있어 부 성주의가 아닌 부계 혈통주의를 일률적으로 적용하는 것은 문제가 있다. 현재 민법 제781조 제1항의 원칙은 부계 혈통 및 부성주의를 동시에 같은 의미로 보는데, 사실 부계 혈통과 부성주의는 다르게 보아야 한다. 부성주의는 혈통과 관계없이 부의 성을 유지하는 것이다. 혈통에 문제가 되지 않는 것이 사실이지만 현행 민법 제781조 제1항

---

189 김상헌, "인공 생식의 민법상 쟁점에 관한 법리 연구", 제주대학교 대학원 박사학위, 2015, 48~52면, 179~186면; 백승흠, "대리 임신의 문제점에 관한 고찰—최근 일본에서의 논의를 중심으로", 「한국사회과학연구」 제29집 제2호, 청주대학교사회과학연구소, 2007, 15~16면 참고.

은 부성주의와 부계 혈통을 같은 개념으로 취급하고 있어 문제가 되는 것이다. 인공 수정에 의해 출생한 자는 부성주의에 문제가 되지 않는데도 불구하고 혈통과 같이 생각하므로 문제가 되는 것이다. 따라서 부의 정자를 사용하지 않고 제3자의 정자와 처의 난자를 사용한 경우에는 헌법 제11조 및 제36조 제1항을 바탕으로 민법 제781조 제1항이 완전한 양성평등이 되도록 모의 성과 본을 따를 수 있도록 할 필요가 있다.

Ⅲ. 혼인 중 및 혼인 외 자의 성씨 보장의 문제

1. 혼인 외 자의 성씨 제도의 문제

민법 제정 이래, 인지되지 않은 혼인 외의 자는 모의 성과 본을 따르고 생부가 인지한 경우에는 부의 성과 본을 따르도록 되어 있었으나, 현행법은 이와 관련하여 생부의 인지 이후에도 부모의 협의에 따라 자가 종전의 성을 유지할 수 있도록 규정하고 있다.[190] 다만 부모가 서로 협의할 수 없거나 예로 모가 사망한 경우, 협의가 이루어지

---

190 이 경우 부모는 인지 신고를 할 때 "자가 종전의 성과 본을 계속 사용한다."라는 취지의 협의서를 제출하여야 한다(자녀의 성과 본에 관한 가족 관계 등록 사무 처리 지침 제8조 제1항).

지 아니한 경우에 자녀는 가정 법원에 종전의 성을 그대로 사용할 수 있도록 허가를 구하는 심판을 청구하고, 법원이 허가 결정을 하면 계속해서 모의 성과 본을 사용할 수 있다고 규정하고 있다.[191]

생부에 대한 혼인 외의 자녀와 모의 권리가 한층 보호 받게 되었지만 현행법에 의하면 인지 전 자의 성에 관한 협의가 의무화되어 있지 않기 때문에 생부가 임의 인지를 한 경우 자의 성은 우선적으로 생부의 성으로 바뀌게 된다.[192] 따라서 자의 본인이나 그 친권자인 모가

---

191 혼인 외의 자로 태어난 자녀가 오랜 기간 어머니의 성과 본을 사용해 온 경우에도 생부가 인지하면 자동적으로 아버지의 성을 따르게 되어 성이 변경되었던 우리 민법 규정은 혼인 외의 자 자신의 이익에도 반할 수 있고 정체성의 혼란을 가져와 결국 자녀의 복리에 반하는 결과를 낳을 수 있기 때문에 이와 같은 문제점을 해결하기 위하여 개정 민법은 혼인 외의 자가 인지된 경우에도 인지 전에 사용하였던 성을 유지할 수 있는 길을 마련한 것이다(박복순 · 전혜정, "2008년부터 달라지는 가족법 · 가족 관계 등록법 해설", 한국여성정책연구원, 16~17면, 참고; 김보람, 앞의 논문, 41면).

192 우리 민법 제855조 1항은 혼인 외의 출생자는 그 생부나 생모가 이를 인지할 수 있다고 규정하고 있다. 혼인 외의 출생자와 그 부 사이에서 법적 친자 관계가 발생하기 위해서는 인지가 필요하다는 점에는 학설이나 판례의 이견이 없다. 하지만 모와의 관계에서도 꼭 인지가 필요한지에 대해 살펴보면,
ⓙ 인지 필요설: 인지 필요설이란 혼인 외의 출생자와 부 사이에서처럼 모와의 관계에서도 반드시 인지가 있어야만 혼인 외의 출생자와 모 사이에 법률 효과가 발생한다고 보는 학설이다. 이 견해에 따르면 법적 모자 관계는 출산이라고 하는 사실에 의해서만이 아니고 출산한 자를 모로 하는 출생 신고를 하여야만 모의 인지로서의 의미를 갖게 되는 것이고 이때 비로소 모자 관계가 발생한다고 해석하는 것이다. 이 학설은 법 규정 문언과 동떨어진 견해는 아니나, 부 와는 달리 모와 자 사이 존재하는 임신과 출산이라는 사실을 간과하고 있다는 점에서 비판할 수 있다. 우리나라에는 이를 취하는 학자는 없는 것 같다.(이경희, "친생 친자 관계법의 문제점과 개선 방향", 「가족법연구」 제16권 1호, 한국가족법학회, 2006. 6., 171면) ⓛ 당연 발생설: 당연 발생설이란 혼인 외의 출생자와 모 사이에서의 법률관계는 인지를 거치지 않아도 당연히 발생하며, 자와 모사이의 임신과 출산이라는 사실 관계를 근거로 한다. 이 견해에 따르면 모와의 그 혼인 외의 출생자 사이의 관계는 해산에 의하여 당연히 생기고, 특히 인지를 필요로 하지 않으면 모의 인지는 모자 관계의 확인이라고 해석한다.(이경희, 위의 논문, 172면; 김성숙, "혼인 외 자에 대한 인지 제도의 문제점", 「숭실대학교 법학논집」 제13권, 숭실대학교 법학연구소, 2003, 3면) ⓒ 조건부 당연 발생설: 조건부 당연 발생설은 절충설이라고도 하며, 혼인 외의 출생자와 모의 법률 친자 관계는 당연 발생설에 의해서 인지를 거칠 필요 없이 당연히 발생하나, 기아나 미아 등의 경우에는 예외적으로 인지가 필요하다는 견해이며, 당연 발생설과 같이 모의 인지를 모자 관계의 확인이라고 해석한다.(김주수 · 김상용, 「친족 상속법–가족법10판」, 법문사, 2011, 291면;

모르는 사이에 자의 성이 변경될 수 있으며 종전의 성을 유지하고자 하는 자의 경우에는 성 변경 이후에 재판을 통해서만 종전의 성을 유지할 수 있다.

혼인 외의 자에 대한 각국의 입법 예를 보면 프랑스에 있어서 비혼 생자는 부 또는 모 중에서 먼저 친자 관계가 성립되는 측의 성을 취득하며(프랑스 민법 제334조의 1), 혼인 외의 자를 부모가 공동으로 인지한 경우에는 선택하는 순서에 의해 부와 모의 성을 병렬적으로 사용하며 그중 하나의 성만 택하고 있다(프랑스 민법 제334조의 2). 프랑스는 부나 모가 선택하는 순서에 따라 미성년이건 성년이건 성을 따르도록 하고 있다(프랑스 민법 재334조의3).

한편 일본도 모의 성을 취득할 수 있도록 되어 있는데 비적 출생자는 모의 호적에 입적되고 모의 성을 사용하며 부가 인지하더라도 당연히 부의 성을 사용하는 것이 아니라 성 변경 절차에 의해 부의 성으로 변경하여야 한다(일본 민법 제790조 제2항, 동법 제791조). 또한 독일에 있어서 성(부부의 성 및 자녀의 성)에 관한 규정은 여러 차례 개

최금숙, 「로스쿨 친족법Ⅰ」, 제일법규, 2010, 40면; 박동섭, 「친족 상속법3정판」, 박영사, 2009, 266면; 김성숙, 위의 논문, 4면; 양수산, 「친족 상속법」, 일신사, 1994, 345면; 김용한, 「신 친족 상속법론(신판)」, 박영사, 2002, 177면).

정된 바 있는데,[193] 가장 최근의 개정은 1997년에 있었다.[194] 이 개정법은 부부가 반드시 동일한 성을 사용해야 한다는 원칙을 포기하였고,[195] 혼인 성에 대해서 협의가 되지 않는 경우 부부는 각자 혼인 전의 성을 유지하도록 하였다.[196] 부부가 각자 혼인 전의 성을 사용할 경우(즉 부모의 성이 다른 경우) 그 사이에서 태어난 자녀의 성을 어떻게 결정할 것인가의 문제가 제기되었는데(부모가 공동의 혼인 성을 사용하는 경우에는 자녀는 자동으로 부모의 혼인 성을 이어 받는다),[197] 개정법은 이 문제에 있어서도 애초에 양성 불평등의 소지를 두지 않았다. 즉 공동 친권자인 부모는 협의에 의해서 부 또는 모의 성을 자녀의 성으로 정할 수 있는데,[198] 출생 후 1개월 내에 자녀의 성을 결정하지 않으면,[199]

---

193 김상용, 「가족법 연구 II」, 법문사, 2006, 240면.

194 Das Familiennamensrechtsgesetz vom 16. 12. 1997. 개정법은 1997년 7월 1일부터 시행되었다.(김범철, "자의 성에 대한 규정의 비교법적 접근-독일 민법 규정의 변천을 중심으로", 「가족법연구」 제19권 제1호, 한국가족법학회, 2004, 114면).

195 G.Recht(Herausgeber), Das BGB-Bürgerliches Gesetzbuch, 1. Aufl 2014, Stand:24. März 2014, § 1355 Abs. 1 S. 1 BGB.

196 G.Recht(Herausgeber), a.a.O., §1355 Abs. 1 S. 3 BGB.

197 Baumgärtel/Laumen/Prütting, Handbuch der Beweislast, Bürgerliches Gesetzbuch Familienrecht, Heymanns, 2011, §1616 BGB.

198 Baumgärtel/Laumen/Prütting, a.a.O., §1617 Abs. 1 S. 1 BGB.; 김상용, 앞의 책(주193), 241면.

199 이때에는 신분 등록 공무원이 가정 법원에 이 사실을 통지한다. 독일 신분 등록법 제21조의 a조(김상용 · 양혜원 · 안문희, "가족 관계 등록부 공시 방법 개선 방안", 「2014년도 법무부 용역 과제 업무 보고서」, 연구수행기관 중앙법학연구소, 2014, 23~24면 참조).

법원이 부모의 일방에게 결정권을 양도한다.[200] 이때 법원은 결정권을 가진 부모의 일방이 자녀의 성을 결정해야 할 기간을 정할 수 있다.[201] 결정권을 가진 부모의 일방이 법원에서 정한 기간 내에 자녀의 성을 정하지 않으면 결정권을 가진 부 또는 모의 성이 자녀의 성으로 된다.[202]

독일 민법에 의하면 혼외자의 부모도 공동 친권자가 될 수 있는데,[203] 이 경우에도 자녀의 성은 위에서 설명한 방식에 의해서 결정된다.[204] 부모의 일방이 단독 친권자인 경우 자녀는 친권자의 성을 따른다.[205] 혼외자의 부모가 공동으로 친권을 행사하겠다는 의사를 표시하지 않은 경우에는 모가 단독 친권자가 되므로, 자는 모의 성을 따르게 된다.[206] 나중에 친권자가 부로 변경되어도 자녀의 성은 변경되지 않는다. 그러나 후에 혼외자의 부모가 공동으로 친권을 행사하겠

---

200 Baumgärtel/Laumen/Prütting, a.a.O., §1617 Abs. 2 S. 1 BGB.

201 Baumgärtel/Laumen/Prütting, a.a.O., §1617 Abs. 2 S. 3 BGB.

202 Baumgärtel/Laumen/Prütting, a.a.O., §1617 Abs. 2 S. 4 BGB.

203 독일 민법 제1626조의 a조 제1항 제1호에 따르면 자녀 출생시 부모가 혼인하지 않은 상태에 있어도 공동으로 친권을 행사하겠다는 의사 표시에 의해서 공동 친권자가 될 수 있다. 이러한 의사 표시가 없는 경우에는 모의 단독 친권이 성립한다(G.Recht(Herausgeber), a.a.O., §1626a Abs. 2 BGB.; 김상용, 앞의 책(주193), 241면).

204 독일 민법은 혼인 중의 자와 혼외자 사이에 존재했던 차별을 제거하려고 한 것이다.

205 김상용, 앞의 책(주193), 241면; G.Recht(Herausgeber), a.a.O., §1617a Abs. 1 BGB.

206 NomosGesetze, Zivilrecht wirtschaftsrecht, 22. Aufl, 2013, §§1626a Abs 2, 1617a Abs 1 BGB.

다는 의사를 표시한 경우에는 공동 친권이 성립한 날로부터 3개월 내에 자녀의 성을 새로 정할 수 있다.[207] 자녀는 공동 친권자인 부모의 성 중에서 하나를 따라야만 하므로, 부모가 새로 정할 수 있는 성은 부의 성으로 한정된다.[208] 이때 자녀가 이미 5세에 달한 경우에는 자녀 자신의 동의가 필요하다.[209] 그 외 스위스의 경우에도 부가 인지하지 않으면 모가에 입적하고 모의 성을 취득한다.[210]

이와 같이 우리의 현행법 의도를 분명하게 실현하기 위해서는 제도적인 보완이 필요한데 이에 대해서는 여러 가지 방식을 생각해 볼 수 있다. 첫째, 과거 민법 규정에서 혼인 외의 자가 부의 인지를 받게 되면 부의 성과 본을 따르고 부가에 입적하도록 되어 있었으나, 혼인 외의 출생자가 자신의 진정한 부가 누구인지 알고 있다 하더라도 그 부의 인지가 없으면 법률상의 부자 관계가 발생하지 않고, 인지가 없

---

207 NomosGesetze, a.a.O., §1617b Abs. 1 S. 1 BGB.

208 NomosGesetze, a.a.O., §1617 Abs. 1 S. 1 BGB.

209 NomosGesetze, a.a.O., §1617b Abs. 1 S. 3 BGB.

210 Swiss civil code Art. 324
    [1] Where there is no adequate guarantee that the child's property will be diligently managed, the guardianship authority takes the necessary measures to protect it.
    [2] In particular, the guardianship authority may issue instructions regarding such management and, where the periodic accounting and reporting is insufficient, may order the parents to deposit the property or furnish security.
    [3] Procedure and jurisdiction are regulated mutatis mutandis by the provisions governing child protection.(http://world.moleg.go.kr/, 세계법제정보센터, 2010. 2).

는 한 자가 부계 혈통을 따를 수 없었다. 즉 혈연적인 부는 명백히 존재하더라도 부의 인지가 없는 한 서류 또는 법률상으로는 '부를 알 수 없는 자'가 되었다. 그리고 후에 부가 인지를 하게 되면 종전에 쓰던 성 대신 부의 성을 따라야 했다. 이에 대해서 2005년 민법 개정을 거쳐 현행 민법 제781조 제5항에서는 "혼인 외의 출생자가 인지된 경우 자는 부모의 협의에 따라 종전의 성과 본을 계속 사용할 수 있다. 다만, 부모가 협의할 수 없거나 협의가 이루어지지 아니한 경우에는 자는 법원의 허가를 받아 종전의 성과 본을 계속 사용할 수 있다." 고 규정하여 혼인 외의 자가 인지 전에 사용했던 성을 그대로 유지할 수 있는 길을 마련하였다. 이 경우 부모는 인지 신고를 할 때 "자는 종전의 성과 본을 계속 한다."는 취지의 협의서를 제출하면 종전의 성을 유지할 수 있다. 이처럼 현행 제도상으로는 분명히 모의 성을 따를 수 있는 절차와 함께 종전의 성을 그대로 유지할 수 있는 절차를 마련해 두었고 이는 분명히 과거 인지 후에는 무조건 부의 성을 따르도록 하였던 것에서 개선된 규정이라고 할 수 있다. 하지만 그럼에도 불구하고 현행 규정은 아직 부성주의를 벗어나지 못한 한계점과 절차상의 문제점을 가지고 있다.[211]

---

211 이애영, "혼외자에 대하여 친자 관계를 인정함에 있어서 발생하는 몇 가지 문제점", 이화여자대학교 대학원 석사학위, 2012, 76~77면.

둘째, 부는 인지 신고를 하기 전에 자의 동의를 얻을 필요가 없으며, 자의 성에 관해 모와 협의할 의무도 없어 부가 이러한 협의를 거치지 않고 일방적으로 인지 신고를 하는 경우에는 인지된 자의 성은 일단 부의 성을 따라 변경된다. 인지된 혼인 외의 출생자가 종전의 성을 유지하기 위해서는 따로 법원에 종전의 성을 유지할 수 있도록 허가를 구하는 심판을 청구를 하여야 하는 것이다. 이러한 절차상의 문제점은 우선 혼인 외의 출생자가 인지된 후에도 자신의 성명을 그대로 사용하고 싶다는 의사를 존중하고자 하는 법의 취지에 어긋나는 것이다. 부에 의해 임의 인지가 이루어지는 동안 자는 자신의 의사를 표시할 기회가 없으며, 의사를 표시하고자 하여도 부가 이를 무시해 버린다면 인지되는 혼인 외의 출생자의 의사는 존중 받지 못하고 그 의사와는 상관없이 부의 성을 따르도록 변경되는 것이다.[212]

셋째, 사회에서 '성명'이 가지는 역할에 대해서도 간과하고 있다. 현대 사회에서 성명은 단순한 호칭을 넘어, 개인이 속한 사회에서 개인이 가지는 가장 기본적인 신분 증명으로서의 역할을 하고 있다. 또한 '나'라는 개인을 표현하는 수단으로서의 역할도 하고 있다. 이러한 상황임에도 불구하고 부의 일방적인 인지로 일단 성이 변경된

---

212 조은희, "미혼모 가족의 법적 지위", 「홍익법학」 제12권 제2호, 홍익대학교 법학연구소, 2011, 151~152면.

다고 하는 것은 개인 식별의 동일성이라는 부분에서도 분명히 문제가 있다.[213]

따라서 피인지자 또는 그 모의 동의 문제와 연결하여 인지하는 경우, 그 부모가 피인지자인 혼인 외의 출생자의 성에 대하여 반드시 협의하도록 하거나 또는 혼인 외의 출생자의 의사를 확인하는 절차를 거친 후에 인지 신고가 이루어지도록 하는 것이 타당할 것이다. 인지되면 종전의 성을 그대로 유지하는 확인을 하는 것이 아니라 인지된 후에도 종전의 성을 유지하도록 하였다가 후에 인지한 부의 성으로 변경 신청을 하도록 하는 것이 타당할 것이라고 생각된다.[214]

2. 자의 선택권의 성씨 보장의 문제

자녀의 의사 표명권은 이혼에 의하여 직접적인 영향을 받는 자녀가 자신의 의사 결정을 표시할 수 있어야 한다는 면과 더불어 이는 곧 자녀들이 이제까지 형성해 온 친밀한 관계를 반영하며, 연령에 관계없이 자녀의 의사가 존중될 필요가 있기 때문에 중요한 기준이다.[215]

---

213 이애영, 앞의 논문, 76-78면; 김보람, 앞의 논문, 41-42면.

214 이애영, 위의 논문, 78면 참조.

215 김상용, "이혼 후의 양육자 및 친권자 결정에 있어서 민법이 갖는 몇 가지 문제점", 「사법행정」 제37권 제8

이 기준은 자녀들이 더 이상 부모의 권리 객체로서 인식되어서는 안 된다는 점과 친권자 결정에 있어서 자녀의 심리적인 측면에서 자의 복리를 중요시하는 최근의 경향에 의해서 지지 되고 있다. 자녀가 건강하게 성장하기 위해서는 물질적인 환경도 중요하지만, 심리적인 차원에서의 만족과 안정이 필수적이기 때문이다.[216] 따라서 사리 분별을 할 수 있는 자녀의 의사는 반드시 고려하도록 해야 할 것이다. 자녀의 의사 결정권(의사 표명권)에 관하여 판단 능력이 있다면, 연령 제한을 두지 않는 것이 자녀 복리 원칙에 적합할 것이다.[217]

아동 권리 협약 제12조 1항은 자신의 견해를 형성할 능력이 있는 아동은 자신에게 영향을 미치는 모든 문제에 있어서 자신의 견해를 자유스럽게 표시할 권리를 보장한다고 명시하고 있다. 아동은 기본적으로 정신적 신체적으로 미숙하기 때문에 아동의 완전한 자율성을 강조하는 것은 무리라 할 것이다.

그러나 아동은 언제나 아동 그대로 머물러 있는 것이 아니고 성인으로 발달해 가는 과정에 있으며, 아동 중에서도 성숙한 판단 능력을 가진 아동(matureminor)이 존재한다는 사실과 판단 능력이 성숙하지

호, 한국사법행정학회, 1996, 16면.

216 김상용, 앞의 책(주193), 206면.

217 권정희, 앞의 논문, 204면.

못한 아동에 있어서도 권리의 자율적 행사는 자율이 개인의 존엄과 관련된 것으로서 자율의 행사 그 자체가 가치를 가지고 있다는 점 그리고 권리 행사 능력은 권리의 행사를 통하여 형성되어 간다는 점 등에서 아동의 자기 결정권 내지 참여권은 그 성숙도에 따라 인정하는 것이 타당하다.[218]

또한 자기 결정권의 근거를 헌법 제10조의 자율적 인격권과 행복 추구권에서 찾는다면, 자율적 인격권과 행복 추구권의 주체는 국민의 권리라고 하기보다는 인간의 권리이므로 누구나 그 주체가 된다. 다만 자율을 존중하는 현대 사회에서 개인의 생활에 대한 국가의 부당한 공권력의 행사를 방지하고 개성을 신장시키는 적극적인 의미를 가진 자기 결정권은 당연히 충분한 판단 능력을 갖춘 개인을 전제로 한다.[219]

따라서 충분한 판단 능력을 가지지 못한 자, 예컨대 미성년자나 심신 장애자 등에게도 자기 결정권의 주체성을 인정할 수 있는가 하는 문제가 제기된다. 그러나 헌법상의 자기 결정권에 있어서 그 주체를 충분한 판단 능력을 갖춘 자에게만 한정할 수 없다. 왜냐하면 헌법

---

218 김유미, 앞의 논문, 356면.

219 이준복, "행정 소송 제도의 개혁 방안에 관한 법적 연구 – 헌법상 국민 안전 보장 의무에 대한 논의를 중심으로", 「세계헌법연구」 제21권 제1호, 국제헌법학회 · 한국학회, 2015, 60면 참고.

제10조는 모든 국민 개개인이 인간이라는 이유만으로 기본적인 인격권을 보장하고 있기 때문이다. 그러므로 미성년자나 심신 장애자 등 판단 능력이 결여된 개인까지도 포함한 모든 인간이 헌법상의 자기 결정권의 주체라고 보아야 하며 거의 모든 헌법학설이 이를 지지하고 있다.[220]

3. 자의 성씨 결정의 문제

가. 협의 이혼 시 자의 성씨 결정의 문제

협의 이혼의 경우 부모가 협의하여 자녀를 정하고(민법 제837조 제1항), 부모가 자녀에 대해서 협의가 이루어지지 않거나 협의할 수 없다면 가정 법원이 직권으로 또는 당사자의 청구로 결정한다(민법제837조 4항).

개정 민법에서 신설된 제836조의 2, 제4항에 의하면 양육하여야 할 자가 있는 경우에 이혼 당사자는 제837조에 따른 자의 양육과 제909조 제4항에 따른 자의 친권자 결정에 관한 협의서 또는 가정 법

---

220 김강운, "헌법상 자기 결정권의 의의", 「법학연구」 제20호, 한국법학회, 2005, 172면; 행복 추구권은 자연법 사상을 바탕으로 하고 인간의 존엄과 가치 존중과 밀접 불가분의 관계를 가진 인간의 권리를 의미하므로 자연인만이 누릴 수 있다. 자연인이란 성인과 아동을 불문하고 모든 인간이 해당한다 할 것이다(권영성, 앞의 책, 382면 참조).

원의 심판 정본을 제출하여야 한다. 이때 성씨 변경에 관한 협의가 자의 복리에 반하는 경우에는 가정 법원이 보정을 명하거나 직권으로 그 자의 의사·연령과 부모의 재산 상황, 그 밖의 기타 사정을 참작하여 양육 및 성씨 결정에 필요한 사항을 정한다(민법 제837조 3항). 한편 협의 이혼 시에는 가정 법원이 제공하는 이혼에 관한 안내를 받아야 하고, 가정 법원은 필요한 경우 당사자에게 상담에 관하여 전문적인 지식과 경험을 갖춘 전문 상담인의 상담을 받을 것을 권고할 수 있다(민법 제836조의2제1항).

나. 재판 이혼 시 자의 성씨 결정의 문제

재판상 이혼의 경우에는 부모가 협의하여 양육자를 정할 수 있고(민법 제837조 1항, 동법 제843조), 협의가 이루어지지 않거나 협의할 수 없는 경우에는 법원이 직권으로 또는 당사자가 법원에 양육자 지정 청구를 할 수 있다(민법 제837조 4항, 동법 제909조 5항 단서).

재판상 이혼의 경우에는 원칙적으로 이혼 전에 양육자를 정하게 되지만 그렇지 않으면 법원이 정하게 된다. 문제는 법원이 정하게 되면 모가 양육을 할 수 있도록 양육권을 정하게 되어 성씨에 대한 문제가 발생하게 된다. 법원은 모가 자를 데리고 재혼하게 될 때 친아버지가 명시적으로 반한다는 사정은 여러 가지 비교 형량 요소 하나에 불과하고 친아버지의 반대에도 자의 복리를 위하여 법원은 성과 본의 변경을 결정할 수 있다고 판단한 점 역시 주목할 부분이다. 현 가정 법원 실무는 성·본 변경의 청구가 있는 경우 친아버지에게 변경에 동의하는지 여부의 의견 조회를 하고 있지만[221] 의견 청취는 필수인 것이 아니고 가정 법원이 그 의견에 구속되는 것도 아니라고 해석하고 있어 친부의 의견을 경시하게 되며 자가 원하지 않는 성씨 변경에 대해서는 의사 결정에 문제가 발생하게 된다.

다. 이혼 시 공동 양육 및 단독 양육에서의 자의 성씨 결정의 문제

부모 중 일방을 양육자로 정하는 것이 보통이지만, 부모가 공동 양육을 원하고 그에 따르는 능력(특히 자녀의 양육에 관하여 협력할 수 있는 능력)이 뒷받침된다면 공동 양육도 이론상 가능하다고 보고 있다(민법 제837조 제3항, 제4항).[222]

---

221 가사 소송 규칙(법원 규칙 제2467호 일부 개정 2013. 6. 5.) 제59조의 2 ① 가정 법원은 「민법」 제781조 제5항의 규정에 의한 자의 성과 본의 계속 사용 허가 청구가 있는 경우, 부·모·자가 13세 이상인 때에는 그 자의 의견을 들을 수 있다.(개정 2013. 6. 5.) ② 가정 법원은 「민법」 제781조 제6항의 규정에 의한 자의 성과 본의 변경 허가 청구가 있는 경우, 부·모·자가 13세 이상인 때에는 그 자의 의견을 들을 수 있다. 자의 부·모·자와 성과 본이 동일한 사람의 사망 그 밖의 사유로 의견을 들을 수 없는 경우에는 자와 성과 본이 동일한 최근친 직계 존속의 의견을 들을 수 있다.(개정 2013. 6. 5.).

222 김주수·김상용, 앞의 책, 204~205면 참고; 박정기·김연, 「가족법−친족 상속법」, 삼영사, 2005, 180면; 부모가 함께 거주하지 않게 되므로 공동 양육이 곤란해지지만, 공동 양육이 불가능한 것은 아니라고 보고 있다(김유미, "이혼 시 친권의 개정 방향", 「가족법연구」, 제15권 제2호, 한국가족법학회, 2001, 70면).

공동 양육에 의하면 공동 친권도 생기게 되어 자의 성씨 변경에 대한 문제는 발생하지 않으나, 단독 양육을 하게 되면 자의 성씨 변경에 대한 문제가 발생하게 된다. 특히 모가 단독으로 양육하게 되면 모와 자가 성이 달라 자의 복지 차원에서 성씨 변경을 하게 되는데, 모가 자의 의사 청취를 하지 않고 모가 성씨 변경을 신청하게 될 때 자의 의사를 경시하게 된다. 그러므로 자의 복지 차원에서 법원은 공동 친권 및 공동 양육이 될 수 있도록 유도하는 것이 바람직하지 않을까 생각된다.

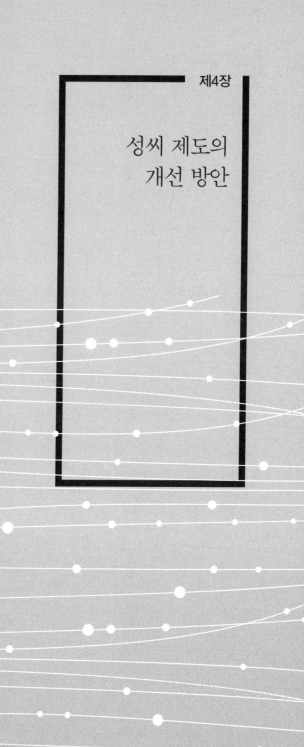

제4장

성씨 제도의
개선 방안

제1절 기존의 개선 방안

Ⅰ. 헌법상의 개선 방안

1. 헌법 제36조와 민법 제781조의 헌법 불합치 결정

헌법에서는 양성평등과 혼인 그리고 가족생활은 개인의 존엄과 평등을 기초로 성립되고 유지되어야 하는 점을 선언하고 있는데, 자녀가 부의 성을 따르도록 강제하는 것이 이러한 헌법 정신에 타당한 것인지 의문시되었다. 헌재는 양계 혈통을 모두 성으로 반영하기 곤란한 점, 부 성의 사용에 관한 사회 일반의 의식, 성의 사용이 개인의 구체적인 권리 의무에 영향을 미치지 않는 점 등을 고려하여 민법 제781조 제1항 본문 중 "자는 부의 성과 본을 따르고 조항의 부분(이하 '이 사건 법률 조항'이라 한다)이 성의 사용 기준에 대해 부성주의를 원칙으로 규정한 것은 입법 형성의 한계를 벗어난 것으로 볼 수 없다."고 하면서, 부성주의를 원칙으로 규정한 것 자체는 헌법에 위반되지 아니하나 부성주의를 강요하는 것이 부당한 경우에 대해서도 예외를 규정하지 않은 것이 헌법에 위반되므로 헌법 불합치를 선고하고 잠정 적용을 명하여야 한다는 재판관 5인의 의견과 이 사건의 법률 조항이 부성주의를 원칙으로 규정하고 있는 것이 헌법에 위반되므로 위헌을 선고하여야 하지만 법적 공백과 혼란의 방지를 위해 헌법 불합치를 선고하고 잠정 적용을 명하여야 한다는 재판관 2인의 의견으로 잠정 적용하여 헌법 불합치를 선고하기에 완전한 양성평등을 하기 위해 다시 개정이 되어야 한다고 본다.[01]

2. 성씨 변경에서의 헌법재판소의 양성평등 결정

출생 직후 자에게 성을 부여할 당시, 부가 이미 사망하였거나 부모가 이혼하여 모가 단독으로 친권을 행사하고 양육할 것이 예상되는 경우, 혼인 외의 자를 부가 인지하였으나 여전히 모가 단독으로 양육하는 경우 등과 같은 사례에 있어 일방적으로 부의 성을 사용할 것을 강제하면서 모의 성의 사용을 허용하지 않고 있는 것은 개인의 존엄과 양성의 평등을 침해하며 또한 입양이나 재혼 등과 같이 가족 관계의 변동과 새로운 가족 관계의 형성에 있어서 구체적인 사정들에 따라서는 양부 또는 계부 성으로의 변경이 개인의 인격적 이익과 매우

---

01   헌법재판소 2005. 12. 22. 선고 2003헌가5.

밀접한 관계를 가짐에도 부 성의 사용만을 강요하여 성의 변경을 허용하지 않는 것은 개인의 인격권을 침해 한다[02]는 헌재의 견해를 바탕으로, 부성주의를 원칙으로 하되 예외적으로 부모가 혼인 신고 시 모의 성과 본을 따르기로 협의한 경우에는 모의 성과 본을 따를 수 있도록 하였다. 또한 혼인 외의 출생자가 인지된 경우, 자는 부모의 협의 또는 법원의 허가를 받아 종전의 성과 본을 계속 사용할 수 있게 하였다. 성 변경에 관하여는 자의 복리를 위하여 자의 성과 본을 변경할 필요가 있을 때 예외적으로 성을 변경하는 것을 인정하였다(민법 제781조). 비록 지방 법원의 심판[03]이기는 하나, 자의 복리를 고려하는 여러 요소를 감안하여 해당 사건에서 사건 본인의 복리를 위해 적합하다는 이유로 성과 본의 변경을 허락하였기에 의미가 있다.

---

02   헌법재판소 2005. 12. 22. 선고 2003헌가5 결정.

03   울산지방법원 2008. 1. 28. 선고 2008느단12 판결.
      첫째, 민법 제781조 제6항은 "자(子)의 복리를 위하여 자의 성과 본을 변경할 필요가 있을 때에는 부, 모 또는 자의 청구에 의하여 법원의 허가를 받아 이를 변경할 수 있다."고 규정하고 있고, 위 규정은 2008. 1. 1부터 시행되고 있는 바, 위 제도는 주로 재혼 가정에서 자라는 자녀들이 실제로 부의 역할을 하고 있는 계부와 성이 달라서 정신적으로 고통을 받을 경우 이를 해결하기 위하여 마련된 제도이다.
      둘째, 민법 제781조 제6항은 성과 본의 변경을 위한 요건으로 유일하게 '자의 복리'만 규정하고 있는 바, 허가 기준인 자의 복리를 고려함에는 부자 관계의 보호, 모자 관계의 강도, 자의 한 가족의 일원으로서의 정체성, 자의 의사, 자의 나이 및 성숙성, 현재의 가족 상황 등 여러 요소를 함께 감안하여야 한다.
      셋째, 이혼 후 10여 년간 친부와 교류가 없고 10년 이상 동거해 온 계부가 입양을 하여 법률적으로 가족 관계가 형성된 15세의 자에 대하여 계부의 성과 본으로 변경하는 것을 허가한 사례.

3. 헌법재판소 결정에 의한 성씨 제도의 개선 방안

성씨에 기한 차별에 대해 위헌 여부를 심사하기 위해서는 먼저 성씨에 기한 차별인지 아니면 다른 사유에 기한 차별인지 여부를 판단해야 한다. 이는 차별적 처우가 남녀 간의 차이에 기초한 것인지에 관한 엄격한 심사로 연결되는데 성씨에 기한 차별이 문제가 되는 경우 중 하나는 법률이 문언상 남성과 여성을 다르게 처우하는 경우이고, 또 다른 하나는 법률상 성씨에 대해 중립적이나 차별적 결과를 나타나는 경우이다. 물론 법문상 성씨를 분류할 수도 있으나 사실상 성씨의 문제가 아닐 수 있어, 이 점에 관하여 헌재는 다음과 같은 의견을 제시하고 있다. 헌재 2005. 12. 22. 선고 2003헌가5·6 결정에서 청구인들의 평등권이 침해되는지 여부를 판단하면서 이 사건 심판의 대상이 된 민법 제781조 제1항으로 이를 성씨 변경에 의한 양성평등의 차별 문제로 보았다. 즉 성씨 변경에 있어 헌법 제36조 제1항은 양성평등을 차별하는 형식을 취하고 있어 형식적 또는 실질적으로 분명히 파악할 수 없다. 이에 현행 법체계상 민법 제781조 제1항과 헌법 제36조 제1항이 배치(背馳)되므로 본 연구자는 다음과 같이 개선 방안을 제시하고자 한다.

첫째, 부모의 성씨를 선택하여 사용할 시 자녀의 성을 부모가 상의하여 부의 성과 모의 성 중 하나를 선택하여 사용하도록 하는 것이다. 즉 자녀가 부모 중 누구의 성을 따르게 할 것인지를 부모가 결정하도록 제도화하여야 한다는 것이다. 이 문제에 관해 헌재의 결정에서 위헌 의견을 낸 2인의 재판관은 모든 개인이 부의 성을 따르도록 하고 모의 성을 사용할 수 없도록 하는 것은 남성과 여성을 차별 취급하는 것이고 개인의 성을 어떻게 결정하고 사용할 것인지에 대해 개인과 가족의 구체적인 상황이나 의사를 전혀 고려하지 않고 국가가 일방적으로 부 성의 사용을 강제하고 있는 것은 혼인과 가족생활에 있어서 양성의 평등을 명하고 있는 헌법 제36조 제1항에 위반되는 것이라고 하였다.[04] 이 견해에 따르면 자녀들이 부모 중 누구의 성을 따르게 할 것인가의 결정은 개인과 가족의 구체적인 상황이나 의사를 고려하여 결정해야 하는 문제라는 것이다.

그러나 부모가 부 또는 모의 성으로 자녀의 성씨를 결정할 수 있도록 하는 것은 같은 부모 아래 태어난 자녀라도 그 성을 달리 정할 수 있어 성이 가지고 있는 혈통을 문제시하지만 성이 다르더라도 혈통

---

04 헌법재판소 2005. 12. 22. 선고 2003헌가5 결정 중 재판관 송인준, 재판관 전효숙의 의견.
(1) 이 사건 법률 조항은 모든 개인으로 하여금 부의 성을 따르도록 하고 모의 성을 사용할 수 없도록 하여 남성과 여성을 차별 취급하고 있으면서도 그와 같은 차별 취급에 대한 정당한 입법 목적을 찾을 수 없어 혼인과 가족생활에 있어서의 양성의 평등을 명하고 있는 헌법 제36조 제1항에 위반된다.
(2) 이 사건 법률 조항은 혼인과 가족생활에 있어 개인의 성을 어떻게 결정하고 사용할 것인지에 대해 개인과 가족의 구체적인 상황이나 의사를 전혀 고려하지 않고 국가가 일방적으로 부 성의 사용을 강제하고 있음에도 그와 같은 부 성 사용의 강제에 대한 구체적인 이익을 찾을 수 없어 혼인과 가족생활에 있어서의 개인의 존엄을 보장한 헌법 제36조 제1항에 위반된다.

은 유지할 수 있기 때문에 국가의 법률에 따라 부의 성과 모의 성을 달리 쓴다 하여 친족을 구분 못하고, 가족 구성원을 나타내어 주는 성씨 제도의 기본적인 기능을 하지 못한다고 하여 친족 관념의 축소와 근친혼을 억제하는 기능을 하지 못하는 것은 아니다. 하지만 행정적인 제도로 독일과 같이 성 증명서 제도를 구축한다면 혈통의 문제나 친족을 구분하지 못하거나 근친혼을 억제하지 못한다고 주장하는 부분에 대해서는 해소할 수 있다.

둘째, 제3의 성을 사용할 수 있는 방법으로 현재 민법이 취하는 원칙적으로 부의 성을 따르지만 예외적으로 부모가 혼인 신고 시 자녀에 대하여 모의 성을 따르기로 협의한 경우에는 모의 성을 따를 수 있도록 하는 것이다. 또한 성 불변주의 원칙의 예외를 인정하여 '자의 복리'를 위하여 자녀의 성을 변경할 필요가 있을 때 법원의 허가를 얻어 모의 성이나 혈연관계가 없는 계부의 성으로 변경하도록 하는 것이다. 그러나 모와 계부의 성을 따를 수 있도록 예외를 인정하는 것은 한 부모의 자녀들이 성을 달리 사용할 수 있는 경우가 발생할 수 있고, 성씨 제도가 가지는 가족과 친족을 상징하는 의미가 축소될 수밖에 없다.

법률상 부자지간도 아닌 계부의 성을 따라 자녀의 성을 변경하는 것은 타당하지 않으며 계부의 성을 따르는 것 또한 양성평등에 전혀 부합되지 않는다. 이제는 이혼과 재혼에 대한 인식이 달라지면서 재혼과 삼 혼, 사 혼이 가능한 사회로 변화할 수도 있는데, 이럴 경우 자녀의 성을 계부의 성으로 변경하는 것은 여러 문제의 발생의 소지가 있지만 헌법 제11조 및 헌법 제36조 제1항에 어긋나므로 완전한 양성평등을 개선하기 위해서는 독립적인 성으로 인정할 필요가 있다.

마지막으로 본 연구자는 사회적 편견에 대한 부성주의 원칙의 성씨 변경 문제에서 부성주의 원칙을 유지하는 것은 헌법의 양성평등에 배치될 뿐 아니라 자녀의 복리에도 다양한 문제점을 가진다고 보았다. 결국 성 변경은 모의 재혼 사실을 사회적으로 알게 하지 않는 일시적이고 불완전한 기능밖에 없으며, 성씨가 불필요하다는 성씨 무용론으로 발전할 가능성으로 보인다. 또한 자의 복리를 위한다는 점에서도 자신의 부모의 이혼과 재혼으로 친부와의 관계를 더욱 단절해 버리는 이 제도가 과연 자녀들에게 도움이 되는지도 쉽게 판단할 수 없는 문제로 보인다. 고려 시대뿐 아니라 조선 시대 전기까지 재혼은 사회적으로 비판 받을 일이 아니었으며, 이혼과 혼인에 대한 개인의 선택이 더욱 존중 받는 현재에 비추어 본다면 앞으로 재혼 가정의 자녀들이 더욱 많아질 것이고 보다 다양한 삶의 방식을 인정하고 존중하는 사회적인 분위기로 정착되어야 한다. 따라서 부성주의 원칙의 주장은 모의 재혼을 억제하고 재혼녀의 자녀의 성씨로 인하여 자유를 침해하는 것은 비판 받아야 하며 재혼 가정의 자녀에 대한 사회적 편견은 우리 사회가 극복해야 할 문제이다. 그러나 재혼 가정의 자녀에 대한 사회적 편견은 성 변경으로 해결할 수 있는 문제는 아니며, 성의 유지 기능을 전혀 하지 못하는 계부의 성을 따르게 하는 불평등한 제도도 타당하지 않기에 완전한 양성평등이 실현될 수 있도록 민법의 부성주의 원칙은 헌법 제11조 및 헌법 제36조 제1항을 바탕으로 개선되도록 해야 한다.

II. 민법상의 개선 방안

1. 민법 제781조 제1항

가. 분석

민법 제781조 제1항에 의한 대법원 2010. 3. 3. 선고 2009스133 판결[05]을 살펴보면, 대법원은 계부의 성 변경의 경우와 모 성 변경의

---

05 청구인(여)은 C와 결혼하여 그 사이에 아들 둘(각1995년, 1999년생, 위 자녀들이 모두 사건 본인)을 두었고, 청구인과 C는 2001. 4.경 협의 이혼 하였다. 이혼 당시 자녀들의 친권자는 C였으나, C가 자녀들의 양육비를 지원하지 않아 청구인이 위 자녀들을 양육하였다.
청구인은 2004.경 D와 사실혼 관계로 동거하면서 D도 사건 본인들의 양육에 기여하였다. 청구인은 2006.

경우를 구별하여 특별히 다른 기준을 적용하고 있지는 않은 것으로 보인다. 다만, 하급심 결정 예의 판단 기준에서는 모의 의사는 자의 복리와 관계가 없거나 모가 자신의 성으로 변경을 강력히 요구하는 경우 이혼한 남편에 대한 반발심리에 의한 신청으로 인식되어 오히려 자의 복리에 어긋난다고 보는 결정 예가 적지 않다. 대법원 판례는 모의 의사를 자의 복리와 일치하는 요소로 설시하고 있는 점에서 특징이 있다.[06]

엄밀히 말하면 모의 권리로서의 자에 대한 성 결정권과 자의 복리는 개념상 별개의 것이나, 경우에 따라서는 일치할 수도 있다는 점을 설시하였다는 점에서 판례의 의의를 찾을 수 있다.[07]

모의 성이 사실상의 계부의 성과 우연히 일치한 것도 있지만, 계부의 성으로 변경하는 경우와 같이 모의 성으로 변경을 신청하는 경우

9.경 자녀들의 친권자가 되었다. 자녀들은 D를 친부로 알고 생활하고 있었다.
청구인은 사실혼 관계인 D와 자녀들의 성을 일치시키고자 우연히 D의 성과 같은 자신의 성으로 자녀들의 성을 변경해 줄 것을 신청하였고, 자녀들도 D의 성을 따르기를 원하고 있으며 친부인 C도 변경에 동의하였다.
원심은 청구인이 이 사건 신청을 하기 한 달여 전에 동일한 신청을 하였고, 이전의 사건에서 자녀들의 정서 및 성장 발달에 장애가 있다고 볼 수 없다는 이유로 기각 결정을 받아 확정된 사실이 있는데, 이 사건 청구도 별다른 사정 변경이 없어 기각한다고 결정하였다.

06 김성은, "젠더 관점에서 본 자의 성·본 변경 허가의 판단 기준", 「법학연구」 제58권, 한국법학회, 2015, 311-312면.

07 오승이, "판례를 통해 본 자의 성과 본 변경 허가 판단 기준", 「젠더법학」 제2권 제2호, 한국젠더법학, 2010, 54면.

에 특별한 다른 기준을 적용하지 않고 비교적 쉽게 모의 성으로의 변경을 허용하였다. 이는 모의 성과 사실상의 계부의 성이 일치하였기 때문에 모 성을 부여하였지만 새로운 가족 관계 내부에서 또 하나의 부성주의에 부합하는 외형을 만들어 낸 결과를 초래하였다.[08] 과연 모의 성과 사실상의 계부의 성의 우연한 일치와 사실상의 계부가 양육에 기여하고 있는 점이 없었다면, 다시 말해 단순히 자의 성을 모의 성으로 변경하고자 하였다면 판례와 같이 쉽게 변경 허가가 내려졌는지는 하급심 결정을 보면 의문이 생긴다. 대법원 판례 이후 하급심 결정 예 대부분은 상기의 대법원 결정 요지를 토대로 하여 자의 복리를 판단하고 있으며, 계부의 성·본으로 변경 및 모의 성·본으로 변경이 주를 이루고 있다. 하지만 자의 성을 모의 성으로 변경하는 경우에 대법원이 판단 기준으로 제시하지 않았던 성·본의 변경의 신청 동기 및 모의 재혼 가능성, 단독 양육 기간 등을 고려하는 등 계부의 성·본으로 변경하는 경우보다 엄격한 판단 기준을 제시하고 있다.[09]

---

08 오승이, 앞의 논문, 56면; 김성은, 앞의 논문, 314면.

09 사건 처리 결과
2008. 1. 1. 부터 2013. 2. 5. 까지 성·본 변경 청구가 기각된 1심 결정은 총1,032건이다. 이 중 모로의 성·본 변경을 원한 경우는 546건으로 전체의 52.9%, 계부로의 성·본 변경을 원한 경우는 344건으로 전체의 33.3%를 차지하였다. 인용 사건까지 포함했을 경우 모로의 성·본 변경 청구 건수와 계부로의 성·본 변경 청구 건수를 확인할 수 없었으므로, 모로의 성·본 변경 청구의 경우가 계부로의 성·본 변경 청

자의 성을 모의 성으로 변경하는 경우에 모의 의사를 부정적인 요
소로서 받아들이기도 한다. 자가 친부와의 교류가 없거나 혹은 양육
비를 받지 못하는 경우에 모의 의사는 긍정적으로 반영되는 경향이

구의 경우보다 기각률이 높은지 여부는 알 수 없다(이현재, "자의 성과 본의 변경 심판에 있어서 자의 복리", 「가
족법연구」 제22권 제2호, 2008, 40면 참고).

[변경하고자 하는 성에 따른 기각 사유]

(단위: 건, %)

기각사유 변경 성	전체	자의 복리 부적합	소명 자료부족	보정 명령 불응	이유 없음
모	546(52.9)	344(63.0)	18(3.3)	19(3.5)	165(30.2)
계부	344(33.3)	229(66.6)	7(2.0)	14(4.1)	94(27.3)
기타 성	22(2.1)	14(63.6)	1(4.6)	0(0.0)	7(31.8)
판결문상 알 수 없음	120(11.6)	42(35.0)	2(1.7)	17(14.2)	59(49.1)
전체	1,032(100.0)	629(60.9)	28(2.7)	50(4.8)	325(31.5)

항고 사건 중 1심 결정이 번복된 경우, 즉 성·본 변경 청구가 허가된 경우는 총 71건 중 47건으로 66.2%
에 달하였다. 항고 사건 중 양육재(주로 모)의 성·본으로 변경을 원하는 경우와 계부의 성·본 변경을 원
하는 경우는 각 34건(47.9%)으로 비율이 동일하였다. 그 밖에 이성 동복형제의 성·본이나 유아 시절 사용
하던 영문 성의 변경을 원하는 경우가 3건 있었다. 변경을 원하는 성·본의 유형에 따라 항고 사건의 인용
률에 유의미한 차이가 있는 것은 아니다. 모의 성·본 변경 청구의 기각 결정에 대한 항고 사건의 인용률
은 총 34건 중 21건으로 61.8%, 계부의 성·본 변경 청구에 대한 항고 사건의 인용률은 총 34건 중 24건
으로 70.6%였다.

[자의 성·본 변경 사건의 처리 결과]

(단위: 건, %)

변경하고자 하는 성	전체	인용 여부	
		인용	기각
모	34(47.9)	21(61.8)	13(38.2)
계부	34(47.9)	24(70.6)	10(29.4)
기타 성	3(4.2)	2(66.7)	1(33.3)
전체	71(100.0)	47(66.2)	24(33.8)

(박복순·현소혜, "친양자 및 자녀의 성·본 변경 제도에 관한 성 인지적 분석", 「가족법연구」 제28권 제1호, 한국가족
법학회, 2014, 185~186면).

있는 반면, 면접 교섭 및 양육비가 잘 이루어지고 있고 자의 장래를 위해 친부와의 관계 유지가 필요하고 또는 장래 관계 회복의 가능성이 있는 경우에는 모의 의사는 판단 요소에서 배제되는 경향이 있다. 게다가 모의 의사는 자와 친부와의 관계를 단절시키기 위한 것으로 그리고 이혼한 부에 대한 복수 감정으로 받아들여져 모의 성으로의 변경 신청을 기각하는 경우도 있다.[10]

법원은 모의 연령을 고려하여 재혼할 가능성도 배제할 수 없다는 점을 들어 기각하기도 한다. 이는 부성주의 원칙 또는 관행을 토대로 모가 재혼한 경우에 자의 성이 계부의 성으로 다시 변경될 가능성이 높고 재혼 후 자의 성을 다시 변경 하는 것은 자의 복리에 반하다는 이유를 들기도 하며, 이혼 후 모가 단독으로 자를 양육하고 있는 기간이 짧다는 이유를 언급하기도 한다.[11]

나. 고정 관념

"모의 성과 자의 성이 다른 것이 일반적이다."는 이유로 자의 학교생활 및 사회생활에 있어서 곤란이 예상되지 않는다고 하여 신청

---

10 서울가정법원 2012. 2. 13. 선고 2011느단6449 판결.

11 수원지방법원 2010. 10. 21. 선고 2010부16 심판; 광주지방법원 2010. 2. 1. 선고 2010브1 판결; 대구지방법원 가정지원 2012. 2. 1. 선고 2011느단3072 판결.

을 기각하는 경우도 있다.[12] 이러한 배경에는 자의 성에 대해 부성주의 원칙과 예외 규정을 둔 법 제도의 영향과 모의 성을 사용하는 것은 우리나라의 전통적인 가족관에서 볼 때 극히 예외적인 현상이라고 생각하는 경향이고, 이런 예외적인 현상은 모의 재혼과 함께 원칙으로 돌아갈 가능성이 높고 모의 성은 잠정적인 것에 지나지 않고 부의 성으로 돌아가길 바란다는 통념이 자리 잡고 있다. 부성주의 원칙은 이혼한 여성이 또 하나의 가족 형태를 구성하여 자를 양육하는 것에 대해 비정상적이고 불안정한 것으로 판단하는 것으로 직결된다. 이는 배우자 없는 여성을 비정상적으로 여기는 것이며 여성의 혼인 및 가족생활에 있어서 자율성을 침해하는 것이다.[13]

다. 개선 방안

무엇보다 중요한 것은 '모의 성과 본을 따르는 것은 예외적인 현상'이라는 고정 관념을 타파하는 것이다. 자가 모의 성 · 본을 사용함으로써 '비우호적인 호기심과 편견'[14]의 대상이 된다면, 법원은 자의 복리를 위해 모의 성 · 본 변경에 소극적인 자세를 취할 수밖에 없을

---

12 서울가정법원 2012. 2. 13. 선고 2011느단6449 판결.

13 위선주 · 배은경, 앞의 논문, 69면.

14 헌법재판소 2005. 12. 22. 선고 2003헌가5 결정.

것이다. 결국 현재 하급심 판결이 지니고 있는 문제점은, 법관이 가지고 있는 한계라기보다는 수범자, 즉 국민의 내재적 심리(부 성의 추종)에서 비롯된 것이라고 할 수 있다. 모의 성과 본을 따르는 것이 예외적인 현상인 이상, 재혼 후에 계부로의 성·본 변경을 청구하는 사건의 수는 감소하지 않을 것이며, 이는 결국 잦은 성·본 변경으로 인한 자의 정서적·심리적 불안정으로 이어질 것이다. 자의 복리는 친부 또는 계부의 성을 사용할 것을 강요함이 아니라, 모 성의 사용을 일상화함으로써 더욱 효과적으로 실현하는 것이다.[15]

그러나 성·본 결정 과정하에서는 고정 관념을 깨기가 쉽지 않다. 민법 제781조 제1항은 여전히 '부의 성과 본을 따를 것을 원칙으로 하고 있으며, 부모가 혼인 신고 시 모의 성과 본을 따르기로 협의할 수 있을 뿐'이다. 자녀를 포태하지도 않은 상태에서 혼인 신고 시 민법 제781조 단서 조항처럼 예외적인 협의를 요구하는 것은 현재 헌법 제11조 및 제36조 제1항의 양성평등에 어긋나는 현실이며 완전한 양성평등에 반하는 사항이다.[16] 이런 상황에서는 '부 성-원칙, 모 성-예외'라는 관념이 계속될 수밖에 없으며, 이는 여성 차별 철폐 협

---

15 이현재, 앞의 논문, 40면 각주20); 오승이, 앞의 논문, 60~61면.
16 이와 같은 지적은 2005년 민법 개정 당시부터 존재하였다. 대표적으로 이화숙, 「2005년 개정가족법 해설 및 평가」, 세창출판사, 2005, 36~37면.

제4장 성씨 제도의 개선 방안 179

약 제16조 제1항에 반한다.[17] 따라서 민법 제781조 제1항을 "혼인 신고에 의해 출생한 자는 부 또는 모의 협의에 의해 성과 본을 정한다."고 개정[18]하는 한편, 이혼 시 자의 친권이나 양육권에 관한 협의 당시 자의 성·본 변경에 대한 협의도 함께할 수 있도록 절차를 개선할 필요가 있다.[19] 이런 제도를 통해 친부의 성을 유지할 것인지, 모의 성과 본을 따르게 할 것인지 혹은 재혼 후 계부의 성을 따르게 할 것인지에 관한 선택권을 비로소 개인에게 되돌려 주어야 할 것이다.

2. 민법 제781조 제6항

가. 판단 및 분석

자의 성·본 변경에 관한 민법 제781조 제6항의 규정을 보다 구체

---

17 이은정, "성의 변경-친자 관계를 중심으로", 「재판자료 제102집」 가정 법원 사건의 제 문제(하), 법원도서관, 2003, 756~757면.

18 2003. 5. 27. 제16대 국회에 제출되었던 민법 중 개정 법률안(대표발의: 이미경 의원) 및 2004. 9. 14. 제17대 국회에 제출되었던 민법 중 개정 법률안(대표 발의: 노회찬 의원) 역시, 본 연구자와 비슷한 태도를 취하고 있다.

19 §1617 BGB 역시 [부부의 성이 동일하지 않은 경우] 자녀 출생 시 부모가 협의하여 자의 성을 결정하도록 하는 한편, 협의가 되지 않을 때에는 법원의 심판에 의해 자녀의 성을 결정할 자를 지정하도록 규정하고 있다. 2013.5.17. 개정된 프랑스 민법 제311조의21 역시 자녀 출생 시 부 성·모 성 또는 중복 성 중 하나를 자녀의 성으로 선택할 수 있도록 하되, 협의가 되지 않을 때에는 중복 성을 따르고, 부모의 성 자체가 중복 성인 때에는 알파벳 순서에 따라 선택하여 조합하도록 하고 있다. 그 밖에 자의 성 결정에 관한 각국의 입법 예를 소개하고 있는 문헌으로 김상용, 「가족법 연구Ⅱ」, 법문사, 2006, 166~173면 참고.

적으로 개정할 필요가 있다. 현재 법 규정은 '자의 복리를 위하여 자의 성과 본을 변경할 필요가 있을 때'라고 규정하고 있을 뿐이므로, 대법원과 하급심 판결은 구체적인 사건 해결을 위해 그 동안 각종의 고려 요소를 개발하여 왔다.[20] 그러나 실제 성·본 변경 허가 여부와 별다른 상관관계가 없는 것으로 밝혀진 요소도 있고, 본래 성·본 변경 허가 여부에 영향을 미쳐서는 안 되는 유형의 요소도 있어 대법원 2009. 12. 11. 2009스23 결정의 정신을 반영하여, 민법 제781조 제6항을 개정하는 한편 규범적으로 바람직한 판단 기준을 예시할 필요

---

[20] 판단 시 고려 요소

대법원이 성·본 변경 허가 여부의 판단 시 고려할 요소로 제시하고 있는 것은 위에서 살펴본 바와 같이, ① 자의 나이와 성숙도, ② 친권자와 양육자의 의사, ③ 성·본 변경이 이루어지지 않을 경우 가족 사이의 정서적 통합 가능성, ④ 성·본 변경이 이루어지지 않을 경우 학교생활이나 사회생활에서 겪게 되는 불이익의 정도, ⑤ 성·본 변경이 이루어질 경우 초래되는 정체성의 혼란, ⑥ 성·본 변경이 이루어질 경우 친부나 형제자매 등과의 유대 관계 단절 및 부양료 중단 등이다. 그러나 분석 대상 결정에서는 대법원에서 제시한 위 각 고려 요소가 훨씬 구체적인 양상을 띠고 있다. 하급심 법원에서 열거하고 있는 각종의 판단 기준을 열거해 보면 다음과 같다.

· 자의 연령과 성숙도 및 그에 따른 자녀 본인의 의사
· 신청 당시 친권자와 양육권자가 누구인지 여부
· 현재의 양육 상황 및 향후 양육 상황 변경 가능성
· 동성 형제자매의 존재 유무
· 교우 관계와 학교생활에서의 심리 위축, 불안 등 불편함을 초래하는 정도와 정체성의 혼란
· 친부와 자 간의 유대 관계 및 장래 관계 회복 가능성
· 성·본 변경으로 인한 유대 관계 단절, 부양 중단 등과의 비교 형량을 통한 성·본 변경의 필요성 및 그 시급성

더 나아가 분석 대상 결정들은 대법원이 판단 기준으로 제시하지 않았던 몇 가지 사항들을 추가하여 고려하고 있다. ① 친부의 동의 유무, ② 모의 성·본 변경을 신청하는 경우에는 혼자서 양육한 기간, 재혼 가능성, 모의 성과 본을 사용하는 것이 일반적이지 않은 현실, ③ 계부로의 성·본 변경을 신청하는 경우에는 계부와의 동거 기간 및 혼인 관계의 안정성, ④ 성·본 변경으로 인한 법정 안정성의 위협 여부 등이 그것이다(박복순·현소혜, 앞의 논문, 187-188면).

가 있을 것이다.[21]

　대법원은 이 결정에서 처음으로 성과 본 변경 허가를 판단하는 방법 및 기준으로 민법 제781조 제6항에서 정한 '자의 복리를 위하여 자의 성과 본을 변경할 필요가 있을 때'에 해당하는지 여부는 자의 나이와 성숙도를 감안하여 자 또는 친권자 · 양육자의 의사를 고려하되 먼저 자의 성과 본 변경이 이루어지지 아니할 경우에 내부적으로 가족 사이의 정서적 통합에 방해가 되고 대외적으로 가족 구성권에 관련된 편견이나 오해 등으로 학교생활이나 사회생활에서 겪게 되는 불이익의 정도를 심리하고, 다음으로 성과 본 변경이 이루어질 경우에 초래되는 정체성의 혼란이나 자와 성과 본을 함께하고 있는 친부나 형제자매 등과의 유대 관계의 단절 및 부양의 중단 등으로 인하여 겪게 되는 불이익의 정도를 심리한 다음, 자의 입장에서 이 두 가지 불이익의 정도를 비교 형량하여 자의 행복과 이익에 도움이 되는 쪽으로 판단하여야 한다. 이처럼 자의 주관적 · 개인적인 선호의 정도를 넘어 자의 복리를 위하여 성과 본의 변경이 필요하다고 판단되고 범죄를 기도 또는 은폐하거나 법령에 따른 각종 제한을 회피하려는

21　2005년 민법 개정 당시에도 성 · 본 변경 허가 기준을 보다 구체적으로 정하자는 논의가 있었으나, 입법 기술상의 어려움을 들어 채택되지 아니하였다(법무부, "가족법 개정 특별 분과 위원회의록(제1차 회의-제9차 회의)", 2013. 12., 355-357면 참조).

불순한 의도나 목적이 개입되어 있는 등, 성과 본 변경권의 남용으로 볼 수 있는 경우가 아니라면 원칙적으로 "성과 본 변경을 허가함이 상당하다."고 판시하였다.[22]

대법원의 결정은 이미 성년에 도달하여 사리 분별력이 있는 사건 본인이 성과 본의 변경을 희망하고 있는 점, 사건 본인과 같이 생활하고 있는 양부가 사건 본인을 양자로 입양하는 등 사건 본인이 양부와 같은 가족으로서의 귀속감을 느끼고 있고, 사건 본인이 주거를 같이 하고 있는 양부와 성과 본이 다름으로 인하여 취직 등을 위하여 이력서나 주민 등록표 등을 제출할 때마다 불편을 겪고 있는 것으로 보이는 점, 친부가 성과 본 변경에 반대하고 있고, 성과 본 변경이 이루어질 경우에 친부나 오빠와의 관계에 영향을 미칠 것으로 보이기는 하지만 사건 본인은 부모의 이혼 후 친부 및 오빠와 별다른 교류가 없었고 유대 관계가 이미 상실된 상태로 보이므로,[23] 대법원의 결정은 성과 본 변경으로 인한 유대 관계 단절로 사건 본인에게 발생하는 불행이나 불이익은 미미할 것으로 추단되는 점, 달리 이 사건 청구가 성과 본 변경권을 남용하고 있다고 볼 만한 아무런 자료가 없는

---

22 김성은, 앞의 논문, 309면.

23 서울가정법원 2011. 7. 28. 선고 2010느단11215 판결; 서울가정법원 2012. 7. 24. 선고 2012느단1946 판결.

점을 종합[24]하여 대법원이 성과 본을 변경한 사례이다.

대법원은 성과 본 변경은 허가함이 원칙이라고 하면서 성과 본 변경 허가 여부를 판단하기 위한 과정을 다음과 같이 제안하고 있다.

먼저 자 또는 친권자 · 양육자의 의사가 무엇인지 보아야 한다. 주체가 되는 사건 본인인 자녀의 의사가 중요한 고려 요소이지만 자녀의 연령 및 정신적인 성숙도에 따라 고려의 비중을 조정할 필요가 있다.[25]

다음으로 성과 본 변경을 하지 않을 경우 자에게 발생하는 불이익과 성과 본 변경을 하는 경우 자에게 발생하는 불이익을 비교 형량하여야 한다. 성과 본 변경을 하지 않을 경우 자에게 발생하는 불이익으로는 가족의 통합에 방해가 될 것인지 및 학교생활과 사회생활에서 겪게 되는 불이익이 있는지 여부를 심리하여야 하고, 성과 본 변경을 하는 경우 발생하는 불이익으로는 친부나 형제자매와의 유대관계의 단절 및 부양의 중단 등이 있는지 여부를 심리하여야 한다.[26]

특히 대법원 판례는 성과 본 변경 허가를 함에 있어서 위 불이익을

---

24 김유경, "자의 성과 본 변경 허가 심판의 판단 기준", 「이화젠더법학」 제4권 제2호, 이화여자대학교 젠더법학연구소, 2012, 222면.

25 김주수 · 김상용, 「친족 상속법」, 삼영사, 2008, 266면.

26 김성은, 앞의 논문, 309면.

계량적·공리적으로 비교 형량하라고 제안하고 있다. 위와 같이 계량적·공리적 판단을 하지 않을 경우 사건을 담당하는 판사의 가치관에 따라 '자의 복리'에 대한 해석이 구구해지고, 판단할 때 고려하는 요소의 차이로 인하여 유사한 사건의 결론에 관하여 재판부별 편차가 발생할 우려가 있기 때문이다.[27]

한편 자의 복리를 판단함에 있어서 자의 관점과 모의 관점이 아닌 친부 또는 계부의 관점에서 자의 복리를 찾고자 하는 경향이 있다. 대법원 2009. 12. 11. 2009스23 결정에서 두 명의 자는 친부와 거의 교류가 없고 유대 관계가 이미 상실한 상태로 보이기 때문에 사건 본인에게 초래될 불이익은 적을 것이라고 판단하고 있으며, 대법원 2010. 3. 3. 2009스133결정 또한 친부와 거의 교류가 없고 양육비도 지급 받지 못한 채 사실상의 계부가 양육에 기여하고 있는 점을 이유로 성의 변경을 인정하고 있다. 다시 말해 자의 인격권 내지 복리보다 부와 자의 면접 교섭이 이루어지고 양육비를 정기적으로 지급하고 있는 등의 형식적인 친부와의 유대 관계 여부를 더 중요하게 판단하고 있다는 것이다. 모가 단독으로 혹은 모계 가족의 도움을 받아 자를 양육하면서 자의 성을 자신의 성으로 변경하는 허가 청구를 하

---

27   서경환, 앞의 논문, 642면.

였지만 기각된 하급심에서는 성의 변경에 의해 친부가 더 이상 부로서의 역할과 책임을 다하려고 하는 노력을 하지 않을 가능성도 발생할 수 있고, 이로 인해 부의 친족과의 유대 관계 단절, 부양의 단절을 초래할 가능성도 있다고 지적하고 있다.[28] 이는 친부와 자와의 사이에 유대 관계를 유지하기 위해서는 부자 동성을 유지해야 하며 부자 동성을 통한 부계 혈통의 공시가 필요하다고 보는 것이다.[29]

하지만 헌재의 헌법 불합치 결정에서 '성은 기호가 가지고 있는 성질에 의해 개인의 권리 의무에 미치는 실질적인 영향이 크지 않고'라는 부분은 성이 변경된다 하더라도 부자간의 법률관계 및 부양 의무 등이 약화되거나 사라지거나 하는 것이 아니다. 따라서 상기의 관점은 헌재 결정에 반하는 것이라 할 수 있다. 이는 곧 자의 양육에 관한 책임과 친부 · 계부와의 동일성을 중시하는 사회 의식이 극복되지 않고 있다는 것을 의미하고 있다.[30]

나. 개선 방안

---

28 서울가정법원 2011. 7. 28. 선고 2010느단11215 판결; 서울가정법원 2012. 7. 24. 선고 2012느단1946 판결.

29 위선주 · 배은경, 앞의 논문, 65면.

30 김성은, 앞의 논문, 2015, 313–314면.

성(姓)은 출생의 계통을 표시하는 표식이며, 본(本)은 소속 시조의 발상지 명을 표시하는 것으로 본관, 적관, 족본 등 여러 명칭으로 불린다. 전통적으로 부계 중심적인 사회라 할 수 있는 우리나라에서 성은 원칙적으로 개인의 부계 혈통을 표시하는 표지이자 잘못된 경우를 제외하고는 성의 변경을 허용하지 않았던 것이 고래의 관습이었다.[31]

이러한 전통적인 성 불변의 원칙에 의해 과거 재혼 당사자가 재혼을 고민하면서 특히 자녀를 양육하고 있는 여성의 경우에는 재혼 후 자신이 양육하던 자녀가 계부의 성과 다를 경우 안게 되는 사회적 편견에 대해 심각한 어려움을 예상하여 재혼을 포기하게 되는 경우도 많았다. 그러나 개정 민법의 시행으로 자녀의 성과 본의 변경이 실제 가능하게 됨으로써, 재혼 가족의 가장 큰 걸림돌이라고 할 수 있는 '서로 다른 성으로 이루어진 가족'이라는 문제를 다소 해결할 수 있는 길이 열렸다.[32]

---

31 김용한, 「친족 상속법」, 박영사, 2004, 67-68면.

32 현행 민법 제781조는 제1항에서 "자(子)는 부(父)의 성과 본을 따른다. 다만, 부모가 혼인 신고 시 모의 성과 본을 따르기로 협의한 경우에는 모의 성과 본을 따른다."고 하여 원칙적으로 부성주의를 채택하고 있으나 예외적으로 모의 성을 사용할 수 있도록 하고 있다. 또한 제6항은 "자(子)의 복리를 위하여 자(子)의 성(姓)과 본(本)을 변경할 필요가 있을 때에는 부, 모 또는 자의 청구에 의하여 법원의 허가를 받아 이를 변경할 수 있다. 다만, 자가 미성년자이고 법정 대리인이 청구할 수 없는 경우에는 제777조의 규정에 따른 친족 또는 검사가 청구할 수 있다."고 하여 전통적으로 성·본 변경 불변의 원칙에 대해 자녀의 복리를 위한 성·본 변경이 가능하도록 하고 있다.

하지만 자녀의 성과 본을 계부의 성과 본으로 변경한다 하더라도 이는 어디까지나 성과 본의 변경이라는 것 그 이상의 친족법적 효과를 갖는 것은 아니다. 즉 계부의 성과 본을 따른다 하더라도 계 자녀와 계부는 어디까지나 인척일 뿐이며 또한 전혼 배우자와의 사이에서 출산한 자녀들과의 관계에서도 법률상 혈족으로서의 지위가 인정되지 않기 때문에, 입양 절차를 밟지 않는 한 이들은 인척이거나 또는 전혀 친족적 관계가 없는 사이에 불과하므로 혈족으로서의 어떠한 지위도 인정되지 않는다. 결국 실질적으로 법적인 가족의 지위를 향유하기 위해서는 계 자녀의 성·본 변경의 절차보다는 입양 또는 친양자 입양이라는 제도를 택할 수밖에 없다. 그러므로 민법상 성·본의 변경이라는 것은 재혼 가족이 안고 있는 외적 문제만을 일시적으로 해소하는 것일 뿐 실질적으로 재혼 가족이 가족 관계에서 발생하는 친족법적인 문제에 대해서는 어떠한 기능도 담당하지 못한다.[33]

최소한 외적인 기능 충족을 위하여 성·본 변경이라는 절차를 밟더라도 변경의 절차와 관련하여 다소 문제가 되는 부분이 존재하고 있기 때문에 그것 역시 용이하지 않을 우려가 있다. 즉 민법상 자녀의 성과 본을 변경하기 위한 절차에서 비록 친부의 동의가 요건에 해

---

[33] 김은아, "재혼 가족의 친족법적 과제", 「가족법연구」 제24권 제3호, 한국가족법학회, 2010, 83면.

당하지는 않지만, 친부의 의견 및 친부와의 지속적인 관계가 재판부 판단에 많은 영향을 미치고 있다.[34] 대법원 판례 역시 "민법 제781조 제6항에 정한 '자의 복리를 위하여 자의 성과 본을 변경할 필요가 있을 때'에 해당하는지 여부는 자의 나이와 성숙도를 감안하여 자 또는 친권자 · 양육자의 의사를 고려하되, 먼저 자의 성 · 본 변경이 이루어지지 아니할 경우에 내부적으로 가족 사이의 정서적 통합에 방해가 되고 대외적으로 가족 구성원에 관련된 편견이나 오해 등으로 학교생활이나 사회생활에서 겪게 되는 불이익의 정도를 심리하고, 다음으로 성 · 본 변경이 이루어질 경우에 초래되는 정체성의 혼란이나 자와 성 · 본을 함께하고 있는 친부나 형제자매 등과의 유대 관계의 단절 및 부양의 중단 등으로 인하여 겪게 되는 불이익의 정도를 심리한 다음, 자의 입장에서 위 두 가지 불이익의 정도를 비교 형량하여 자의 행복과 이익에 도움이 되는 쪽으로 판단하여야 한다. 이와 같이 자의 주관적 · 개인적인 선호의 정도를 넘어 자의 복리를 위하여 성 · 본의 변경이 필요하다고 판단되고, 범죄를 기도 또는 은폐하

---

34 현행 가사 소송 규칙은 자녀의 성과 본을 변경하려고 할 때 친부의 의견을 들을 수 있도록 규정하고 있으며(가사 소송 규칙 제59조의 2 제2항 "가정 법원은 민법 제781조 제6항의 규정에 의한 자의 성과 본의 변경 허가 청구가 있는 경우, 부. 모 및 자가 15세 이상인 때에는 그 자의 의견을 들을 수 있다. 자의 부모 중 자와 성과 본이 동일한 사람의 사망 그 밖의 사유로 의견을 들을 수 없는 경우에는 자와 성과 본이 동일한 최근친 직계 존속의 의견을 들을 수 있다."), 서울가정법원은 실무상 원칙적으로 친부의 의견을 듣는 절차를 밟고 있다.

거나 법령에 따른 각종 제한을 회피하려는 불순한 의도나 목적이 개입되어 있는 등, 성·본 변경권의 남용으로 볼 수 있는 경우가 아니라면, 원칙적으로 성·본 변경을 허가함이 상당하다."고 판시함으로써,[35] 자의 친부나 친형제자매 등과의 유대 관계의 단절 및 부양의 중단 등으로 인하여 겪게 되는 불이익을 염두에 두고 있으므로, 자녀의 성과 본의 변경에 있어서 친부의 의견 내지는 그 친부와의 지속적인 관계가 고려 대상이 되고 있다.

이러한 성·본 변경과 관련한 해석론에 의하면 성과 본의 변경이 실제 모와 이혼한 친부로부터 계속적으로 양육비를 지급 받으면서 면접 교섭도 잘 하고 있는 자녀를 계부의 성과 본으로 변경해 달라는 요청이 있을 경우에는 기각이 될 가능성이 높다.

3. 민법 제908조의2 제1항

가. 부부 공동 입양의 성씨 개선 방안

(1) 3년 이상 혼인 중 성·본 변경 요건의 삭제 내지는 완화

---

35   대법원 2009. 12. 11. 선고 2009스23 판결.

혈연관계를 중시하는 우리 한국 사회의 특성상 불임 여부 등 시간적 여유를 가지고 모든 수단을 동원한 후에 친양자 입양 여부를 결정하지 혼인 후 곧바로 친양자 입양 여부를 결정하는 경우는 없을 것이므로 3년 이상의 혼인 계속 기간 삭제의 필요성은 크지 않고, 3년 이상이라는 혼인 계속 기간을 삭제하고 혼인의 안정성 여부를 가정 법원의 구체적 판단에 맡기는 경우 가정 법원의 부담이 가중되고 친양자 입양 청구에 대한 가정 법원의 시스템이 구체적으로 정립되지 아니한 상태에서 가정 법원에 모든 것을 맡기는 것은 사실상 실현 불가능하다는 비판이 있을 수도 있다.

자의 복리는 성·본 변경만 있는 것이 아니며 여러 가지 환경 요인들이 있기에 매우 추상적인 개념일 뿐만 아니라 이를 구체화하여 일정한 기준을 제시하는 것은 법학 분야뿐만 아니라 다른 분야 영역에서도 해석을 맡겨져 있다고 볼 수 있어 실정법상의 기준 외에도 학계 및 사회단체의 인간학적 견해를 고려해야 하므로, 현재의 가사 조정위원 제도와 유사하게 법학, 사회 복지학, 아동 심리학, 교육학, 사회학 등 각 분야의 전문가들을 입양 조사위원으로 임명하고, 현재의 가사 조사관 제도와 유사하게 입양 조사관을 임명하여 입양 관련 사실 조사를 하도록 하여 입양 조사위원들로 구성된 입양 조사위원회를 통해 가정 법원 법관의 구체적 판단을 보조하게 되면, 자의 복리 판단에 있어서도 안전성을 기할 수 있는 대안이 가능할 것이나 가정 법원의 법관이 모든 것을 판단하기 어렵다는 이유로 형식적인 진입 장벽을 두는 것은 친양자 입양으로 인해 자의 성·본 변경 자체를 힘들게 하여 결국 방치당하는 자의 복리에 도움이 되지 않을 것이다.[36]

그리고 혈연주의적 가치관을 중시하는 한국 사회의 특성상 불임 여부 등 시간적 여유를 가지고 모든 수단을 동원한 후에 친양자 입양 여부를 결정하지 혼인 후 곧바로 친양자 입양 여부를 결정하는 경우는 없을 것이므로, 3년 이상의 혼인 계속 기간 삭제의 필요성은 크지 않다고 주장하는 것은 친생 부모로부터 오랫동안 방치되어 친양자가 되고 싶은 자의 복리에도 도움이 되지 못할 뿐만 아니라 혼인 후 얼마 되지 않아 불임이 확정된 부부 중 조속히 친양자를 입양하여 친자녀처럼 양육하고 가정과 혼인 생활의 안정을 찾고 싶은 소수의 사람들에게 통계상 일반인이 보통 3년 정도는 기다리므로 법이 조금만 참고 기다리라고 하는 것은 합리적인 소수에게 불합리한 사회 일반인의 인식에 따르도록 강요하는 것일 수 있다.[37]

---

36 3년의 혼인 계속 기간 삭제 주장이 마치 아무나 친양자 입양을 할 수 있도록 허용하여 부모로서 자격이나 능력이 없는 사람들에게도 친양자 입양을 허용하고, 성급한 입양으로 인하여 나중에 자녀를 방치하는 악순환을 허용하겠다는 의미로 비춰질 수도 있으나, 오히려 형식적인 기간으로 혼인 생활이 안정된 것으로 추정하고 위에서 언급한 세심한 인간적인 고려 없이 입양 적격을 판단하는 현 제도의 문제점이 더 크다고 할 수 있다.

37 인간의 모든 생활을 완벽하게 규율하는 법은 존재하기 어려우므로, 국가나 사회 일반의 법적 안정성을 유

그러나 아직까지는 혈연주의적 가치관에 얽매여 입양 문화가 성숙되지 못하고 있는 한국 사회의 현실과 성급한 친양자 입양으로 인해 자의 복리를 해하는 폐해를 방지하기 위해서는 혼인 계속 기간을 유지할 필요가 있다는 입장이 사회 인식의 주류를 이루고 있고, 혼인 계속 기간 삭제에 대한 사회적 합의가 도저히 이루어질 수 없는 경우라면 차선책으로 적어도 혼인 계속 기간 3년이 지나기 전에 불임이 확정된 부부에게는 친양자 입양을 허용할 수 있도록 입양 요건을 완화해야 할 것이다.

(2) 부부 공동 입양 요건의 성씨 변경 예외

민법은 친양자를 하려는 자는 '부부로서 공동으로 입양할 것'을 요구하고 있으므로(민법 제908조의2 제1항 제1호 본문) 문언적 해석에 따르면, 사별이나 이혼으로 배우자가 없거나 독신인 경우에는 정신적 · 경제적 · 사회적으로 양부 또는 양모가 될 만한 충분한 자격과

지하기 위해 한 국가 또는 한 사회를 규율하는 법의 일반 형식은 보통의 일반인을 기준으로 가장 일반적인 것을 대상으로 하게 되므로, 법적 규율에서 소외당하는 법적 소수인이 있기 마련이다. 그러나 현대의 복잡다단한 생활 관계에도 불구하고, 법의 규율 형식이나 법 개정의 속도도 이에 발맞추어 첨단화 현상이 이루어지고 있으므로, 그동안 법 제도적 성역으로 군림하였던 가족법도 법의 첨단화 현상에 발맞춰 최대한 세밀하고 완벽하게 규율하여 법에서 소외당하는 법적 소수인이 발생하지 않도록 하는 것이 인간의 존엄과 가치, 실질적 평등을 강조하는 진정한 민주주의 국가의 법이라고 할 것이다(이은주, "친양자 제도의 개선 방향에 관한 연구—자의 복리를 중심으로", 전남대학교 대학원 박사학위, 2013, 각주 452 인용).

의지를 갖추었다고 하더라도 친양자 입양을 할 수 없는 것으로 해석되는데, 자의 복리에 해당되는 성·본 변경이 적합한 경우 단독 입양을 허용할 것인지 여부에 대한 입법적 검토가 필요하다.

서울가정법원 가사20단독은 독신이라는 이유로 친양자 입양 청구가 각하된 유 모 씨(65·여)의 친양자 입양 요건 등 관련 민법 조항에 대한 위헌 법률 심판 제청 신청을 받아들인 사건에서, "이 사건 법률 조항은 혼인 중인 부부가 공동으로 친양자 입양만을 가능토록 해 배우자가 없는 독신자를 차별하고 있는데, 미혼이라는 이유로 친양자 입양의 가능성을 원천적으로 봉쇄하는 것은 평등의 원칙에 위배되고, 독신자가 입양 여부 등 스스로 선택할 수 있는 권리는 인간답게 살 권리와 행복 추구권의 내용으로 보장되어야 하며, 양자가 될 아이와 애착 관계가 형성되었는데도 친양자 입양을 할 수 없도록 해 독신자의 행복 추구권도 침해하고 있다."고 제청 이유를 설명했다.[38]

혈연관계를 중심으로 한 전통적 가족 질서의 장점을 주장하는 입장에서는 사별, 이혼, 독신 모두의 경우 자녀의 안정적 양육이라는 관점에서 부적합하므로, 부부 공동 입양의 요건은 엄격히 지켜져야 하

---

38 개인 병원을 운영하는 을 씨는 평소 남매처럼 지내던 갑 씨가 암으로 사망한 이후 그의 부인과 자녀에게 생활비를 주는 등 애정을 쏟았다. 이후 갑 씨의 부인이 재혼을 하게 되자 을 씨는 갑 씨의 자녀를 친양자로 입양키로 했다. 그러나 법원은 미혼이라는 이유로 이를 각하했다("독신자 친양자 입양 불허 민법 위헌 심판 제청", 공감언론 뉴시스통신사, 2012. 1. 26.).

며 개정의 필요성이 없다는 주장이 있을 수 있다. 그리고 사별이나 이혼의 경우에는 혼인 경험을 인정하여 친양자 입양을 허용하고 독신인 사람이 불임인 경우 혼인 여부와 관계없이 자녀를 낳을 가능성이 없으므로 친양자 입양을 허용하지 않는다면 친양자 입양을 위해서 불행할 가능성이 있는 원치 않는 혼인을 강제하는 결과가 될 수도 있으므로, 불임인 경우에는 예외적으로 친양자 입양을 허용하자는 주장도 있을 수 있다.[39] 그러나 사별, 이혼, 독신의 경우 구체적 사정에 따라 사별, 이혼, 독신의 법률적 지위 형식 그 자체보다는 그 사람에게 구체적으로 나타나는 정신적·경제적·사회적 실질에 따라 친·양부모로서의 적합성이 다르게 나타나므로, 사별, 이혼, 독신을 형식적으로 구별하여 친양자 입양 허용 여부를 결정하는 것은 자의 복리 관점에서 도움이 되지 못한다.[40]

그리고 민법은 산업화, 출산율 저하, 인구 노령화, 이혼율 증가, 독신율 증가 등 사회 변화에 따른 가족 구조 및 가족 기능의 변화, 자

---

[39] 우리나라의 인식이 아직까지는 가족 관계나 친자 관계에 있어서 혈연 중심의 사고에서 벗어나지 못하고 있고, 혼인 중인 부부가 아닌 자들에게는 도저히 입양을 허용할 수 없다는 인식이 뿌리 깊어 혼인 중이 아닌 자들에게 입양을 허용할 수 있을 정도로 사회적 합의가 성숙되지 않은 경우라도, 최소한 사별이나 이혼을 하였는데 불임이어서 자녀가 없는 경우, 불임이어서 혼인을 할 경우 행복한 가정생활을 할 가능성이 없어 혼인을 포기하였으나, 친자녀처럼 자녀를 양육하고 싶은 소망이 있는 경우에 친양자 입양을 원하는 자가 양육 적합성이 충분히 있다고 판단될 때 친양자 입양을 허용하는 것도 고려해 볼 필요가 있다.

[40] 김주수·김상용, 「친족 상속법 제9판」, 법문사, 2012, 357–358면 참고.

의 복리라는 관점의 변화에 탄력적으로 대응해야 하며 법이 사회 구성원의 행복 추구권을 과도하게 제한하여 고통만을 과중시킨다면 그 규범력을 잃게 될 것이므로, 이혼율과 독신율 증가 등에 따라 머지않은 미래에 우리나라도 위에서 언급한 외국의 입법 예처럼 정신적 · 경제적 · 사회적으로 양부 또는 양모가 될 만한 충분한 자격과 의지를 갖춘 경우에는 혼인 중인 부부가 아니더라도 입양을 허용해야 할 시기가 도래할 것이므로, 입법적으로는 혼인 중인 부부가 아니더라도 입양을 허용해야 할 것이다. 다만, 친양자 입양 심판 절차에서 양부모로서의 적격성은 엄격하게 심사하여 자질 없는 양부모의 입양에 의한 친양자 입양의 폐해가 발생하지 않도록 해야 할 것이다.

(3) 배우자의 친생자 입양의 경우 1년의 혼인 기간의 삭제

민법은 배우자의 친생자를 입양하는 경우 1년의 혼인 계속 기간을 요구하는데(민법 제908조의2 제1항 제1호 단서), 양부모가 될 수 있는 능력과 양육 환경을 충분히 갖추고 있음에도 1년 이상의 혼인 계속 기간을 요구하는 것이 자의 성씨 변경에 있어 복리라는 관점에서 과도한 제한이 아닌지 입법적으로 검토해 볼 필요가 있다.

민법 제908조의2 제1항 제1호 단서의 취지는 3년이란 기간은 지나치게 길다고 할 수 있으므로 배우자의 자녀를 입양하는 경우에는 혼인 계속 기간을 1년으로 단축한 것이라고 해석되고 있다.[41] 그러나 일정 기간 혼인이 계속되었다는 사실이 재혼 가정의 안정성을 판단하는 일부 요소는 될 수 있으나, 재혼 가정의 안정성을 담보한다고 볼 수 없을 뿐만 아니라 양부모가 될 자가 정신적 · 경제적 · 사회적으로 양부모가 될 충분한 능력과 양육 환경을 갖추고 있다면 자의 성씨 변경이 복리라는 점에서 혼인 계속 기간이라는 제한은 오히려 자의 복리에 반하고 재혼 가정의 고통만을 가중시킬 뿐이므로, 1년의 혼인 계속 기간 요건을 삭제하고 재혼 가정의 안정성 여부는 가정 법원이 입양 결정을 위한 심리 과정에서 구체적으로 조사하여 판단하도록 해야 할 것이다.[42]

나. 친생 부모 동의의 예외에서의 성씨 개선 방안

2012년 개정 민법 제908조의2 제2항 제2호의 규정을 둔 취지는 명확하게 알 수 없으나, 남녀가 이혼 후 보통 2~3년 정도 지나 재혼

---

41 김주수 · 김상용, 앞의 책(주40), 358면.

42 법학, 사회 복지학, 아동 심리학, 교육학, 사회학 등 각 분야의 전문가들을 입양 조사위원으로 임명하고, 법원 사무관 중 입양 조사관을 임명하여 입양 관련 사실 조사를 하도록 하고, 입양 조사위원들로 구성된 입양 조사위원회를 통해 가정 법원 법관의 구체적 판단을 보조하게 되면, 자의 복리 판단에 있어서 안전성을 기할 수 있고, 법관의 업무 부담도 어느 정도 해소될 수 있을 것이다.

하는 것을 가정하여 3년 이상이라는 기간을 반영하였거나 친양자 입양에 대한 친생 부모의 동의권 존중과 친생 부모의 경제적 여건을 고려하여 기회를 주자는 관점에서 3년 이상이라는 기간 제한을 두었을 것이라는 추측을 해 보면 이해하지 못할 바는 아니나, 이혼 후 재혼하는 기간은 사람마다 다르므로 일률적으로 3년 이상이라는 기간을 정할 경우 구체적 타당성을 기할 수 없고, 방치되고 있는 자의 복리인 성씨 변경의 관점에서 3년 이상이라는 기간은 지나치게 길다고 할 수 있으므로 본 규정은 개정할 필요성이 있다.[43]

다. 친양자의 성씨 문제 및 개선 방안

(1) 친양자의 성씨 문제 및 개선 방안

민법에 따르면, 친양자 입양을 하기 위해서는 제869조에 의한 법정 대리인의 입양 승낙이 있어야 한다(민법 제908조의2 제1항 제4호). 입양은 신분 행위이므로 당사자가 의사 표시를 하는 것이 원칙이지만,

---

43 외국의 입법 예를 살펴보면, 프랑스 민법 제350조 제1항은 개인, 단체, 아동 사회 부조 기관에 위탁되어 있는 아이로서 기아 선고의 청구 전 그의 부모가 1년 동안 명백하게 그에게 무관심한 경우 대심(對審) 지방 법원(소송법상 대립하는 양 당사자를 법정에 출석시켜 행하는 소송의 심리(審理))에 의하여 기아 선고를 받게 되는 것으로 규정하고 있다.

자(子)가 15세 미만인 경우에는 스스로 의사 표시를 할 수 있는 능력이 부족한 것으로 보아서 법정 대리인이 자에 갈음하여 입양의 의사 표시를 하도록 하고 있다. 그리고 가사 소송 규칙 제62조의3은 "가정 법원은 친양자 입양에 관한 심판을 하기 전에 양친이 될 자, 친양자로 될 자의 친생 부모, 친양자로 될 자의 후견인, 친양자로 될 자에 대하여 친권을 행사하는 자로서 부모 이외의 자, 친양자로 될 자의 부모의 후견인의 의견을 들어야 하며, 친양자로 될 자의 친생 부모의 사망 그 밖의 사유로 의견을 들을 수 없는 경우에는 최근친 직계 존속(동순위가 수 인일 때에는 연장자)의 의견을 들어야 한다."고 규정[44]하고 있으면서도 친양자 될 자의 의견은 제외되어 있는데 의사 능력이 있는 자녀의 의사를 묻지 않는다는 것은 자녀의 자기 결정권과 복리 차원에서 문제가 있지 않는지 검토해 볼 필요가 있다.

국가인권위원회는 2005년 4월 11일 국무총리 및 외교통상부 장관에게 "아동 권리위원회는 각국의 정부 보고서에 대한 최종 견해를 통해 입양에 있어 모든 아동의 의사가 '아동의 이익'을 고려함에 있어 최우선적인 요소임을 밝히고 있으며, 적정한 연령 이상의 아동이 입양될 경우 그들이 동의해야 입양이 성립된다는 것을 법률로 규정할

---

44   이은주, 앞의 논문, 197면.

것을 권고하고 있다. 따라서 아동의 발달 정도를 고려하여 입양 시 12세 이상 아동의 의사는 반드시 확인하도록 하되, 12세 미만의 아동은 아동 심리 전문가 등이 그들에게 적합한 방식으로 의견을 묻고 입양 여부 결정에 있어 고려해야 함을 규정하는 것이 아동 권리 협약 제12조 및 제21조를 이행하는 것이라 할 것이다."라고 권고한 바 있다.[45]

2008년 유럽 양자 협정에 따르면, 법원 또는 행정 관청이 입양을 허가하기 위해서는 부모의 동의뿐만 아니라, 아동 본인의 동의도 있어야 한다. 아동은 동의할 당시 사정을 충분히 이해하고 있어야 하는데, 법률에 의해 규정된 일정한 나이에 도달한 때에는 사정을 충분히 이해하고 있는 것으로 간주된다. 이때 법률이 규정하는 나이는 14세 이하여야 한다(유럽 양자 협정 제5조 제1항). 입양에 동의하는 자는 반드시 상담을 받아야 하며, 그들의 동의가 갖는 효과에 대하여, 특히 입양으로 인해 아동과 친생 부모 간의 법적 관계가 단절되는지 여부에 대하여 필요하고도 적절한 정보를 제공 받아야만 한다. 또한 동의는 자유롭게 행해져야 하고, 법률에서 요구하는 양식을 갖춘 서면으로 표시되어야 한다(유럽 양자 협정 제5조 제2항). 아동이 동의의 의미를

---

45 국가인권위원회 결정. "유엔 아동의 권리에 관한 협약 제21조의 유보 철회 및 이행에 대한 권고", 2005. 4. 11.

충분히 이해할 수 없거나 또는 법률의 규정에 의해 아동의 동의 요건이 면제되어 아동 자신의 동의가 필요하지 않은 경우라도 아동의 견해를 청취하여야 하며, 아동의 발달 정도에 따라 그의 희망을 고려해 주어야 한다(유럽 양자 협정 제6조).[46]

그러나 친양자 될 자녀가 13세 이상인 경우에는 승낙이라는 법적 형식을 빌려 자신의 의사를 반영할 수 있는 것처럼 보이지만, 친양자 될 자녀에게 순수한 동의권을 부여하고 있는 것이 아니라 법정 대리인의 동의를 받아 승낙할 것이라고 규정하여 승낙의 전제 조건으로 법정 대리인의 동의라는 제약을 두었고, 이러한 친양자 될 자의 승낙이라는 것이 단지 서류상에만 존재하는 통과 의례적 절차로서 성인들의 강요에 의해 단순히 승낙서에 서명이나 인장을 찍는 정도의 의미라면 있으나 마나 한 규정이며, 13세 미만인 경우에 대해서는 친양자 될 자의 승낙 또는 의견에 대해서 침묵하고 있을 뿐만 아니라 한 걸음 더 나아가 법정 대리인이 그를 갈음하여 입양을 승낙하도록 하여 친양자 될 자녀의 자기 결정권을 무시하고 있다.[47]

---

46 현소혜, "입양법제 선진화 방안", 「2009년도 법무부 용역 과제 보고서」, 2009, 가사비송재판실무편람, 69면.

47 우리나라 입양 특례법(시행 2012. 8. 5. 법률 제11007호, 2011. 8. 4. 전부 개정)에 따르면 13세 이상인 아동을 입양하고자 할 때에는 입양될 아동의 동의를 받아야 하고(동법 제12조 제4항), 입양 기관은 입양 동의 전에 입양될 아동에게 입양 동의의 효과 등에 관한 충분한 상담을 제공하여야 한다(동법 제13조 제4항)고 규정되어 있는데, 민법에는 이러한 내용이 반영되어 있지 않다. 다음 민법 개정 시에는 반드시 고려되어야 할 사

친양자 입양은 자녀의 평생을 좌우하는 인생에 있어서 중대한 결정이므로 자의 자기 결정권의 관점에서 친양자 될 자녀가 13세 이상인 경우에는 친양자 될 자녀의 동의를 얻도록 규정해야 하고,[48] 13세 미만인 경우에는 심리 전문가 등이 적합한 방식으로 친양자 될 자녀의 의견을 묻고 법원이 이를 고려하도록 규정해야 하며, 학령기 전의 자녀의 경우에는 친양자 입양 여부는 자녀의 정체성에 혼란을 줄 수도 있으므로 6세 미만인 경우에는 친양자 입양 사실을 알려 의견을 묻기보다는 입양 적합성에 대한 간접적인 심리 검사 등을 통해 법원이 이를 고려하도록 규정해야 할 것이다.[49]

4. 민법 제908조의5 제1항 제1호

가. 파양 사유에서의 성씨 개선 방안

항이라고 생각된다.

48 국가인권위원회 권고인 12세 기준이나, 중국 입양법 10세 기준에는 미치지 못하지만, 다른 나라의 입법 예에 비추어 보아도 13세 기준은 크게 벗어나지 않으므로, 연령 기준에 있어서는 우리나라 2012년 개정 민법이 크게 무리는 없다고 생각되며, 우리나라 입양 특례법도 13세를 기준으로 하고 있다.

49 2012년에 이미 민법이 개정되었으므로, 그 규정 형식을 최대한 존중하여, '가사 소송 규칙'에서 친양자 될 자녀가 13세 이상인 경우에는 민법에 따른 승낙 외에, 법원에서 본인의 의사를 확인하는 절차를 거치도록 하고, 13세 미만인 경우에는 심리 전문가 등이 적합한 방식으로 의견을 묻고 법원이 이를 고려하도록 하며, 6세 미만인 경우에는 심리 전문가들의 입양 적합성에 대한 간접적인 심리 검사 결과 등을 법원이 고려하도록 규정하면, 민법의 개정이 없이도 어느 정도 문제 해결이 가능할 것이다.

(1) 성씨 보호 장치 규정

파양이 되면, 양친자 관계는 소멸되고 친생 부모 측의 친족 관계가 부활되어 자는 친생 부모의 감호에 맡겨지게 되는데, 친양자 입양의 현실은 파양 후 친생 부모가 자녀를 양육할 수 있는 여건을 갖추고 있지 못하거나 양육 의사 및 능력이 없는 경우가 대부분일 것이어서 파양에 의하여 자의 양육 환경이 더욱 열악한 상태에 빠질 수도 있을 것이므로 친양자 파양 사유에 대한 입법적 검토가 필요하다.[50]

친양자는 친생자 지위에 있기 때문에 친양자의 파양을 허용하는 것은 논리적 모순이 있고, 양친이 친양자를 학대하는 경우 친권 상실 선고의 방법도 있으므로 친양자의 파양을 인정하지 않는 입법 예나 견해들이 설득력을 얻을 수 있을 것이나, 파양을 허용하지 않는 경우 친양자는 친권 상실보다는 파양으로써 양친자 관계를 완전히 해소하고 싶어도 방법이 없고, 친양자가 양친의 은혜를 배반하고 극심한 패륜 행위를 할 경우에 양친의 감정은 완전히 무시되는 결과가 발생할 수도 있으므로, 국민의 법 감정상 친양자 파양의 허용은 어쩔 수 없는 것인지도 모른다.[51]

---

50 안재진, "국내법에 나타난 입양 제도의 변천 과정 분석—아동 권리의 관점에서", 「한국가족복지학」 제16권 제4호, 한국가족복지학회, 2011, 91면 참고.

51 원칙적으로는 친양자의 패륜 행위로 인한 파양 사유는 인정하지 않는 것이 친양자의 복리를 위해서 바람직하나, 국민의 법 감정상 양친의 입장을 고려해서 친양자의 패륜 행위로 인한 파양 사유를 인정할 수밖에

그러나 파양이 되면, 양친자 관계는 소멸되고 친생 부모 측과의 친족 관계가 부활되어 자녀는 친생 부모의 감호에 맡겨지게 되는데, 친양자 입양의 현실은 파양 후 친생 부모가 자녀를 양육할 수 있는 여건을 갖추고 있지 못하거나 양육 의사 및 능력이 없는 경우가 대부분일 것이므로, 일본 민법이나 독일 민법의 경우처럼 파양 요건(파양 사유)에 친생 부모의 감호(보호·양육)를 조건으로 하는 친양자 보호 장치가 마련될 필요가 있을 것이다.[52]

그런데 양친이 친양자를 학대 또는 유기하거나 그 밖에 친양자의 복리를 현저히 해하는 때에는 친양자 측이 제반 사정을 고려하여 파양 청구를 결정할 것이므로 친생 부모의 감호 요건은 의미가 적을 수 있으며, 양친의 학대가 극심하여 양친의 양육을 원치 않는 경우에도

없을 것이다. 그러나 친양자가 성인이 된 경우 친양자의 패륜 행위는 양친에 대한 해악이 클 수 있고, 파양을 하더라도 성인인 친양자는 독자적 생존이 가능하므로, 친양자의 패륜 행위로 인한 파양은 허용해도 무방하나, 친양자가 미성년인 경우 그의 패륜 행위는 양친의 교육으로 개선의 여지가 있고, 이러한 친양자의 교육 및 계도는 양친의 의무이기도 하며, 파양을 하는 경우 미성년인 친양자는 독자적 생존 능력이 부족하므로, 파양을 허용하지 않는 것이 합리적이다. 다만, 우리 민법이 이미 성년·미성년을 구분하지 않고 친양자의 패륜 행위로 인한 파양 사유를 인정하였으므로, 민법의 규정 태도에서 크게 벗어나지 않는 범위 내에서 개선 방안을 제시하고자 한다.

52 물론, 우리 민법에 따르면, 가정 법원은 파양 사유가 인정되는 경우에도 친양자의 복리를 위하여 그 양육 상황, 파양의 동기, 양친과 친생 부모의 양육 능력 그 밖의 사정을 고려하여 적당하지 않다고 인정되는 경우에는 파양 청구를 기각할 수 있으므로(민법 제908조의6에 의한 제908조의2 제2항의 준용), 법관의 구체적 고려에 의해 이러한 문제들이 해결될 가능성이 있으나, 파양 요건(파양 사유)에서 친양자 보호를 위한 조건을 엄격하게 규정하는 것과 친양자 입양 심판 단계에서 법관이 이러한 사정을 고려하는 것은 그 법적 강제성에서 차이가 있으므로, 독일 민법이나 일본 민법의 경우처럼 파양 요건(파양 사유)에서 친양자 보호 장치를 규정하는 것은 의미가 있다고 생각된다.

친생 부모의 감호 요건으로 파양 청구의 인용이 제한될 수 있어 오히려 친양자의 복리에 반할 수 있다. 반면 친양자의 양친에 대한 패륜 행위로 인하여 양친 측이 친양자의 파양을 청구하는 경우에 친양자가 미성년인 경우 친생 부모의 감호 요건은 친양자의 복리를 위해서 중요한 의미를 가지므로 친양자의 양친에 대한 패륜 행위로 인한 파양 사유에 한하여 친생 부모의 감호 요건을 추가해야 할 것이다.

(2) 파양 사유에서의 성씨 보호

재판상 양자가 파양된 경우 양친 중 일방에만 파양 원인이 있을 때 파양 사유가 있는 양친 일방에 대해서만 파양을 청구하는 것을 허용할 것인가의 문제와 동일하게 친양자의 파양에 있어서도 양부가 친양자를 학대하는 경우와 같이 양친 중 일방에만 파양 사유가 있는 경우에도 그 일방에 대해서만 파양을 청구할 수 있는지가 문제가 된다.

법원이 친양자 파양과 관련하여 양친 중 일방에 대한 파양 청구 허용 여부에 대하여 아직 판단한 바는 없으나, 보통 양자의 파양에 있어서는 재판상 앞에서 살펴본 것처럼, 원칙적으로 부부 공동으로 파양하여야 하고 예외적으로 부부 일방이 사망하거나 부부가 이혼한

때에는 부부 공동 파양의 원칙이 적용되지 않는다는 입장이다.[53]

재판상 양자의 파양에 있어서 법원은 원칙적으로 부부 공동을 대상으로 하여야 한다는 입장이므로, 친양자 파양에 있어서도 동일한 논리가 적용될 가능성이 높아 양친 중 일방에 대한 파양 청구가 가능하다고 장담할 수 없다. 따라서 사실상 해석론으로 양친 중 일방에 대한 파양 청구가 가능하다고 보기 어려우므로, 입법론으로 양부가 친양자를 학대하는 경우와 같이 양친 중 일방에만 파양 사유가 있는 경우에도 양부모의 다른 일방이 친양자를 양육하는데 문제가 없고, 그 사이에 실질적인 친자 관계가 형성되어 있다면, 파양 사유가 있는 양부모의 일방에 대해서만 파양 청구를 할 수 있도록 명문으로 규정해야 할 것이다.[54]

나. 파양 효과에서의 성씨 개선 방안

(1) 친생 부모로의 성씨 변경 여부

자녀 양육을 포기한 친생 부모의 자녀가 입양되었다가 다시 파양

---

53 대법원 2001. 8. 21. 선고 99므2230 판결.

54 김주수 · 김상용, 앞의 책(주40), 370면 참고.

된 경우 이미 자신의 자녀들을 다른 사람에게 친양자로 보낸 친생 부모가 자녀를 스스로 양육할 수 있는 능력과 환경을 갖추고 있다고 기대하기 어렵기 때문에 파양 후 친생 부모의 친권이 당연히 부활되는 것은 자의 복리에 반할 수 있으므로[55], 입법적 검토가 필요할 것이다.

친양자의 양친에 대한 패륜 행위로 인하여 양친 측이 친양자의 파양을 청구하는 경우에 친양자가 미성년인 경우 친생 부모의 감호 요건은 친양자의 복리를 위해서 중요한 의미를 가지므로, 친양자의 양친에 대한 패륜 행위로 인한 파양 사유에 한하여 친생 부모의 감호 요건을 추가할 것을 주장하였으며, 양친의 학대가 극심하여 양친의 양육을 원치 않는 경우에도 친생 부모의 감호 요건으로 인하여 파양 청구의 인용이 제한되는 경우 오히려 자의 복리에 반할 수 있다고 주장하였으므로, 양친의 귀책 사유로 인한 친양자 측의 파양 청구의 경우에는 파양을 허용하되, 가정 법원이 구체적인 사정을 종합적으로 고려하여 친생 부모를 친권자로 변경할 것인가의 여부를 결정하도록 하는 것이 합리적이며, 친생 부모를 찾지 못했거나 친생 부모가 친권자로 되는 것이 자의 복리에 반하는 경우에는 법원에서 직권으로 후견인을 선임하도록 함으로써 파양 후 자녀의 보호와 양육에 공백이

---

[55] 김상용, 「가족법 연구Ⅲ」, 법문사, 2010, 34~35면; 이승우, "친양자 제도 관견", 「성균관법학」 제19권 제2호, 성균관대학교 법학연구소, 2007, 186면.

발생하지 않도록 해야 할 것이다.[56]

(2) 양친의 성씨를 유지하는 것에 대한 예외

친양자 입양에 따라 오랫동안 사용하던 양친의 성을 파양에 의하여 갑자기 친생 부모의 성으로 바꾸는 것이 언제나 자의 복리에 적합한 것은 아니다. 경우에 따라서 성의 변경은 자녀의 정체성 인식에 심각한 혼란을 주고 자녀의 입양 및 파양 사실을 외부에 드러냄으로써 자녀의 사회생활에 여러 가지 장애를 초래할 수 있으므로 입법적 검토가 필요할 것이다.

파양을 계기로 친생 부모를 찾을 가능성이 낮고, 파양 이후 친생 부모가 친권자가 되어 자녀를 실제로 보호·양육할 상황도 거의 없는데, 성과 본만을 친생 부모를 따라서 변경해야 한다는 것은 자의 복리에 부합하지 않을 것이다. 또한 잦은 성 변경은 자녀의 정체성 및 가족 제도에 큰 혼란을 가져올 수 있고, 자의 복리라는 관점에서도 문제가 있다. 따라서 그동안 써 왔던 양친의 성과 본을 그대로 사용하는 것이 자녀의 이익에 합치되는 경우 파양을 선고할 때 가정 법원이 자녀가 처한 구체적 상황과 자녀의 의사 등을 고려하여 자의 복

---

56   김상용, 앞의 책(주55), 34–35면 참고.

리를 위하여 자녀가 종전의 양친의 성과 본을 그대로 유지하는 것이 적당하다고 판단될 때에는 이를 허용해야 할 것이다.

제2절 성씨 제도 운영상의 개선 방안

I. 가족 관계 등록부의 합리적 시행

1. 양성평등에서의 문제

가. 부성주의 원칙 폐지

민법과 가족 관계 등록법상의 부성주의 원칙은 부계 혈통주의와 가부장 제도의 상징인 호주제 폐지 이후에도 여전히 극복하지 못한 부계 혈통주의의 잔재이다. 2005년 헌재는 부 성 강제를 규정한 민법 제781조 제1항에 대한 헌법 불합치 결정을 내렸지만, 이때 헌재 다수 의견은 부 성의 변경이나 모 성을 선택할 가능성에 대한 예외가 한정되어 있는 부분의 위헌성을 인정한 것 뿐, 부성주의 자체에 대해서는 합헌이라고 한다. 2005년 개정 민법 역시, 제781조 제1항에서 "자는 부의 성과 본을 따른다. 다만, 부모가 혼인 신고 시 모의 성과 본을 따르기로 합의한 경우에는 모의 성과 본을 따른다."라고 규정하여 부성주의를 원칙으로 하되, 부부간 협의에 따라 예외적으로 모의 성을 따르는 것을 허용하는 태도를 보이고 있다.[57]

가족 관계 등록법은 이에 따라 자녀의 성을 모의 성과 본을 따르기로 합의한 경우 가족 관계 등록 예규 제312호의 협의서를 작성하여 시(구)·읍·면의 장에게 제출하여야 하며, 이 "협의서는 혼인 신고할 때 제출할 수 있으며, 혼인 신고 이후에는 위 협의서를 제출할 수 없다."고 하고 있다. 또한 출생 신고 시 가족 관계 등록법 제44조 제2항 제5호에 따라 모의 성과 본을 따르기로 합의한 사실을 출생 신고서에 기재하도록 하고 있다. 특히 혼인 신고 시에 협의서를 제출하지 않았지만 "출생 신고할 때 비로소 모의 성과 본을 따르기로 하는 협의서를 작성하여 제출한 경우, 이는 유효한 협의로 볼 수 없으므로 이러한 협의서 및 협의서의 취지에 따른 출생 신고를 수리하여서는 안 된다."[58]라는 지침을 두고 있다. 결국 혼인 신고 시에 등록된 것과 달리 후에 자녀의 성과 본을 바꾸려면 법원의 허가를 얻어야만(민법 제781조 제6항) 하지만 '자의 복리를 위하여 자의 성과 본을 변경할 필요가 있을 때'라는 조건을 달아 사실상 이혼·재혼 가정에서의 자

---

57 송효진·박복순, "가족 관계 등록 제도의 개선 방안 연구—전문가 조사 결과를 중심으로", 「가족법연구」 제28권 제2호, 한국가족법학회, 2014, 137면.

58 김상용, "가족 관계 등록법의 문제점과 개정 방향", 「법학논문집」 제38집 제2호, 중앙대학교 법학연구원, 2014, 37면.

의 성과 본을 변경하는 경우에 한정적으로 적용되기 때문에 단지 혼인 중인 자의 성과 본을 혼인 신고 전에 협의하지 못한 경우에는 적용할 수 없다. 가족 관계 등록 예규 제101호 제5조 제2항은 '혼인 당사자가 혼인 신고 시 민법 제781조 제1항 단서에 따른 협의서를 제출하지 않고 출생 신고 시에 비로소 모의 성과 본을 따르기로 하는 협의서를 작성하여 제출한 경우, 이는 유효한 협의로 볼 수 없으므로 이러한 협의서 및 협의서 취지에 따르기로 한 출생 신고를 수리할 수 없도록'하고 있다. 또한 동 예규 제101호 제3조 제3항은 "혼인 신고 시 민법 제781조 제1항 단서에 따른 협의서를 제출한 경우, 혼인 신고의 수리 이후에는 혼인 당사자들의 합의로 그 협의 내용을 철회할 수 없다."고 한다.[59]

법률 전문가를 대상으로 한 설문 조사에서 현행 자녀의 성과 본 신고 방식을 개선하여야 한다는 의견이 2/3 이상에 이르는 것으로 나타났다.[60] 부성주의 원칙은 기본적으로 민법에서 논의되고 해결되어야 할 문제이다. 그러나 양성평등에 반하는 현 민법상의 부성주의 원

---

59 정현수, "가족 관계 등록법의 문제점과 과제", 「가족법연구」 제22권 제3호 통권 제33호, 한국가족법학회, 2008, 293-294면.

60 구체적으로는 응답자의 58.8%가 부 성 승계 원칙을 폐지하고 부부가 자유롭게 자녀의 성을 결정하도록 변경하여야 한다는 의견이었으며, 뒤이어 현행 방식을 수정하여 부 성 승계의 원칙을 유지하되 예외 허용 방식으로 출생 신고 시에 결정하도록 하자는 의견이 20.6%다. 현행 방식을 유지하자는 의견은 14.7%에 불과했다(송효진·박복순, 앞의 논문, 139면 각주20) 인용).

칙은 여전히 공론화될 필요가 있으며, 그에 따른 절차법인 가족 관계 등록법에서의 개선 역시 고민되어야 한다. 부성주의 원칙을 개선하기 위하여서는 가족 관계 등록법의 개정에 앞서 자의 성과 본을 규정한 민법 제781조 제1항의 개정이 전제되어야 한다. 헌법 제36조 제1항 소정의 혼인과 가정생활에서의 양성평등을 민법상 구현하기 위해서는 부성주의 원칙을 폐지하고 자의 성을 부모가 협의하여 정하도록 개선[61]되어야 할 것이다.

나. 성씨 제도 변경 절차

자의 성과 본을 규정한 민법 제781조는 제6항에서 자의 복리를 위하여 성과 본을 변경할 필요가 있을 때에는 부·모 또는 자의 청구에 의하여 법원의 허가를 받아 변경할 수 있도록 제도를 마련하고 있다. 재혼 또는 입양 가정의 성 변경은 '특별한 사정이 없는 한' 거의 대부

[자녀의 성과 본 신고 방식 (법률 전문가 대상)]

(N=34)

항목	빈도(%)
현행 방식 유지(부 성 승계 원칙과 예외 허용 방식 유지+혼인 신고 시 결정)	5(14.7)
현행 방식 수정(부 성 승계 원칙과 예외 허용 방식 유지+출생 신고 시 결정)	7(20.6)
부모가 협의하여 결정하는 방식(부 성 승계 원칙을 폐지하고 부부가 자유롭게 자녀의 성을 결정하도록 변경)	20(58.8)
기타	2(5.9)

(송효진·박복순, 앞의 논문, 128면).

61 한국가정법률상담소, "현행 민법상 자녀의 성 결정에 대한 국민 의식 및 개정 방향에 관한 의견 조사", 2014, 34면; 정현수, "개인별 신분 등록제에 관한 연구", 「여성연구」, 한국여성정책연구원, 2003, 15면.

분 허가되고 있다.[62]

서울가정법원의 성·본 변경 심리 지침을 보면, 자녀의 성과 본을 변경하는 경우에는 신중한 판단을 요한다고 하고 있는 등 재혼 또는 입양 가정에 비해서 보다 더 엄격한 기준을 적용하고 있다. 이혼 또는 사별한 후 재혼하지 않고 모의 성·본으로 변경하고자 하는 경우에는 모의 감정 개입이 자녀의 복리보다 더 많을 것으로 보고 구체적인 동기에서부터 자녀의 의사 확인 등 다양한 방법을 통하여 심리하기로 한다거나, 부가 사망하거나 장기간 연락이 두절된 상태로 이미 모의 성을 쓰고 있는 경우에는 자녀의 성 변경 심리를 다소 완화하여 허가할 수 있도록 하고 있다.[63]

이러한 법 규정에도 불구하고 자의 성·본 변경에 있어서의 문제점은 이혼 후 재혼하지 않는 여성의 경우 자녀의 복리에 앞서 개인의 감정을 우선시한다는 전제하에 심리를 한다는 것이며, 가정 폭력이나 양육 문제 등을 사유로 이혼하는 경우 전남편과의 관계에서 주소를 정확하게 판단하기 어려운 현실임에도 전남편의 주소지를 정확히 기재[64]하여야 함은 물론 친생부로부터 자의 성·본 변경에 대한 의견

---

62 이현재, 앞의 논문, 74면.

63 법률신문 2008. 3. 31.

64 서울가정법원 '자의 성과 본의 변경 허가 심판 청구서' 유의 사항 4를 보면, "사건 본인의 아버지에게 의견

청취서에서 긍정적인 답변을 받을 수 있을 것이라고 생각하기 어려운 점을 들 수 있을 것이다.

이혼 시 협의에 의해 친권이나 양육권을 모로 지정한 경우라면 특별한 사정이 없는 한 전남편의 의견을 청취[65]하는 절차를 생략하는 것이 좀 더 객관적인 판단이라 할 것이다.

2. 본의 기재 문제와 개선 방안

가. 문제

본(本)이란 소속 시조의 발상지 명을 표시하는 것으로서 본관, 관적, 적관, 관향, 족본 등 여러 가지 명칭으로 불리며 이를 약하여 본, 적, 향이라고도 한다.[66] 본은 '출생의 계통을 나타내는 표지'[67]인 성과 전통적으로 함께 사용되어 혈통과 동족임을 표시하는 기능을 한다. 부계 혈통을 중심으로 하는 전통적인 가부장제 사회에서 소속 시조

청취서를 보내어 의견을 등을 필요가 있을 수 있으므로 신속한 심리를 위하여, 사건 본인의 아버지의 주소는 알고 있는 경우에 기재하되, 기재하지 아니한 경우 주소를 밝히라는 법원의 보정 명령을 나중에 받을 수 있다."고 되어 있다.

65 심판 청구 시 유의 사항에 따른 주소 보정 의무도 생기지 않을 것이다.

66 연기정, "가족 관계 등록법의 문제점과 개선 방향", 충북대학교 대학원 석사학위, 2008, 56면.

67 김현숙, "가족 관계의 등록 등에 관한 법률의 문제점", 연세대학교 정경대학원 석사학위, 2008, 14~15면.

의 발상지를 함께하는 혈통과 계보를 나타내주는 것으로서, 이를 중심으로 족보가 기재되었다. 본과 관련하여서는 민법 제781조에서 자의 성과 본에 관한 규정을 두고 있고, 이에 따라 그 절차법인 가족 관계 등록법 제9조 제2항 제2호에 가족 관계 등록부에 기록할 사항으로서 '성명·본·성별·출생 연월일 및 주민 등록 번호'를 규정하고 있으며, 동법 제15조에서 각 증명서의 기록 사항으로 본을 포함시키고, 출생 신고 등 신고 사항에 성명과 함께 기재하도록 규정되어 있다. 동법 제96조에 국적 취득자의 성과 본 창설 신고, 제100조에서 성·본 변경 신고를 규정하고 있다.

그러나 사회가 변화함에 따라 본관에 대한 관념도 변화하고 있다. 이는 십 년이 지난 1997년의 헌재 결정문[68]에서도 찾아볼 수 있다. 사회 관념뿐 아니라 성과 본을 둘러싼 법 규정과 환경도 변화한다. 자의 성과 본에 관한 민법 제781조에 제3항에 의하면, "부모를 알 수 없는 자는 법원의 허가를 받아 성과 본을 창설한다."고 규정하고 있고, 동조 제6항에 의하여 자의 복리를 위하여 법원의 허가를 받아 성과 본의 변경도 가능하게 되었다. 국적 취득자의 경우 가족 관계 등록법 제96조에 의하면 외국의 성을 쓰는 국적 취득자가 그 성을 쓰

---

68   김현숙, 앞의 논문, 43–45면.

지 아니하고 새로운 성과 본을 창설하여 사용할 수도 있다. 이제 본은 창설뿐 아니라, 변경이 가능하여 더 이상 절대적으로 혈통과 시조를 표지한다고 말하기 어려워졌다.

본은 우리나라 성씨 문화의 전통이고 계보학적으로 중요한 의미를 가지는 것은 틀림없다. 그러나 성과 본을 둘러싼 사회적·법적 환경이 변화한 시대에 이를 족보가 아닌 개인의 신분 관계를 등록하고 공시하는 신분 등록부에 기재하고 현시하도록 법으로 규율해야 하는 것인지에 대해서는 공론이 필요하다.

나. 개선 방안

법률 전문가를 대상으로 한 '본의 기재'에 대한 설문 조사에서는 가족 관계 등록부에 본을 기재할 필요가 없다는 의견이 우세한 것으로 나타났다.[69] 종전의 호적 제도는 부계 혈통을 바탕으로 한 가부장

---

69 본의 기재 여부와 필요/불필요 이유(법률 전문가 대상)

(N=34)

구분	기재여부	빈도(%)	이유	빈도(%)
본기재 여부	기재해야 한다.	14(41.2)	신분 사항의 공시를 위해	11(78.6)
			성과 본은 우리의 전통문화이므로	3(21.4)
	기재할 필요가 없다.	20(58.8)	동성동본 금혼 조항이 헌법 불합치 결정으로 폐지되어 가족 관계 등록부에 공시될 실익이 없으므로	5(25.0)
			본관에 관한 사항은 족보에 기재되는 것으로 충분하고 공적 등록까지 할 필요는 없으므로	8(40.0)
			호적에 성과 본을 기재하던 방식이 그대로 전존한 것일 뿐이므로	7(35.0)

(송효진·박복순, 앞의 논문, 130면)

제도 하에서 가(家)를 중심으로 한 편제와 기재가 이루어졌으나, 이를 폐지하고 새로운 신분 등록·공시 제도로서의 가족 관계 등록 제도를 도입하면서, 비록 민법 규정에서 성과 본을 함께 규정하고 있다고는 하지만, 변화된 사회상과 새로운 신분 등록 제도의 기능과 목적에 맞게 무엇을 기재하고 나타낼 것인지에 대한 더 깊은 고민과 논의가 부족했다고 평가된다.

과거 호주 제도가 법으로 제도화되어 있었고 동성동본 간의 혼인이 금지되었던 시절에는 본의 기재는 혼인의 성립 요건을 판단하기 위한 기준으로서 법적인 실익이 있었으나, 민법상 동성동본 금혼 제도가 헌법 불합치 결정[70]에 따라 폐지된 지금, 변화된 사회적·법적 환경에서 가족 관계 등록부 '소속 시조의 발상지 명'인 본을 기재하고 공시해야 할 필요성에 대해서는 재성찰이 필요하다.

본의 표기 문제 역시 민법상 자녀의 성과 본에 관한 민법 제781조 제1항의 개정이 우선되어야 할 것이다. 민법 제781조 제1항 소정의 '본'을 삭제하고, 가족 관계 등록법 및 동 규칙상 모든 '본'을 삭제하는 개선안이 이상적이다. 한편, 민법 제781조 제1항 규정의 개정 여

---

[70] 헌법재판소 1997. 7. 16. 선고 96헌가6 내지 13(병합) 전원 합의체.

부와는 별도로, 가족 관계 등록법상 증명서에 현출하지 않는 방안을 제안할 수 있다. 즉 가족 관계 등록부에 성과 함께 본도 현행과 같이 등록은 하여 두되, 증명서상의 표기는 법적 실익이 없고 불필요하므로 현출하지 않도록 하는 개선안도 대안으로 생각해 볼 수 있다.

II. 등록 사항별 증명서상의 문제 및 개선

1. 가족 관계 증명서

가족 관계 증명서는 본인을 기준으로 하여 부모,[71] 양부모, 배우자, 자녀[72] 등을 나타내는 증명서이다.

가족 관계 증명서는 원칙적으로 증명서 교부 당시의 유효한 사항만을 모아서 발급하므로 발급 당시의 상태만이 나타나며, 과거의 사항은 표시되지 않는다.[73] 즉 본인이 이혼하여 현재 배우자가 없는 경우에는 배우자에 관한 사항은 표시되지 않으므로, 전 배우자에 대한

---

71 친양자의 경우에는 양부모가 부모로 기재된다.

72 친생자와 양자를 구별하지 않고 모두 자녀로 기재된다.

73 가족 관계의 등록 등에 관한 규칙(이하 '등록 규칙'이라 한다) 제21조 제7항. 다만 사망 등의 경우는 예외이다. 제21조 제6항.

사항은 나타나지 않는다. 따라서 개인의 이혼이나 파양에 관한 사항을 확인하려면 가족 관계 증명서가 아니라, 혼인 관계 증명서나 입양 관계 증명서를 발급 받아야 한다. 가족 관계 증명서에 발급 당시의 상태만이 표시되도록 한 것은 개인의 사생활 보호를 위한 조치로서 긍정적인 것으로 평가할 수 있다. 그러나 구체적인 증명의 목적과 관계없는 개인의 정보가 포함된다는 점에서 문제가 있다.[74]

예를 들어, 재혼한 여성 갑이 보육 수당을 신청할 목적으로 혼인 중에 출생한 자녀 을과의 친자 관계[75]를 증명하기 위해서 직장에 가족 관계 증명서를 제출하는 경우를 상정해 본다. 갑에게 전혼 중에 출생한 자녀 병이 있다면 가족 관계 증명서에 병도 함께 표시되므로, 갑의 이혼과 재혼 사실이 직장에 알려질 수 있다.[76] 반면에 갑이 전혼 중에 출생한 자녀 병과의 친자 관계를 증명하기 위하여 가족 관계 증명서를 제출하는 경우에는 재혼 관계에서 출생한 을도 같이 표시되어 역시 갑의 이혼과 재혼 사실이 알려질 수 있다.[77]

이와 같은 문제를 해결할 목적으로 2009년에 가족 관계 등록법이

---

74 김상용, 앞의 논문(주58), 37면.
75 친자 관계란 친생 친자 관계와 양친자 관계를 모두 포괄하는 개념이다.
76 을과 병의 성(姓)이 다를 가능성이 높기 때문이다.
77 정현수, 앞의 논문(주59), 284–285면.

일부 개정되어[78] 혼인 외의 자녀나 전혼 중의 자녀를 제외하고 작성한 일부 사항 증명서를 발급 받는 것이 가능하게 되었지만,[79] 실생활에서 거의 활용되지 못하고 있는 것이 현실이다. 왜냐하면 증명서에 일부 사항에 관한 증명이라는 것이 표시되므로, 증명서를 제출 받는 측에서 일부 사항 증명서를 불완전한 것으로 인식하여 전부 증명을 요구하는 경우가 많기 때문이다.[80] 결국 일부 사항 증명 제도는 국민의 실제 생활에 뿌리를 내리는데 실패하였고, 제도의 도입 목적이었던 국민의 사생활 보호에도 기여하지 못하였다. 실체에 맞게 정확하게 표현하면, '부부 및 친자 관계 증명서'라는 명칭을 사용하는 방안도 고려해 볼 수 있다.[81] 다른 한편으로, '가족'이라는 용어를 쉽게 포기할 수 없다고 생각하는 국민 정서를 감안한다면,[82] 가족 관계 증명

---

[78] 2009년 12월 29일에 개정된 가족 관계 등록법은 각종 증명서의 기록 사항 중 일부 사항을 증명하는 증명서를 발급할 수 있다는 규정을 추가하였다.

[79] 가족 관계 증명서의 일부 사항 증명서는 혼인 외 또는 전혼 중의 자녀, 사망한 자녀를 제외하고 작성한다(가족 관계 등록 규칙 제21조의 2 제1항 제1호).

[80] 본 예에서 갑이 전혼 중에 출생한 자녀 병과의 친자 관계를 증명할 필요가 있는 경우에는 일부 사항 증명서를 제출할 수가 없다. 일부 사항 증명서에는 혼인 외의 자녀와 전혼 중의 자녀가 일괄적으로 제외되므로, 을은 현출되지 않기 때문이다. 따라서 갑이 전혼 중에 출생한 병과의 친자 관계를 증명하려면 전부 증명을 제출할 수밖에 없으며, 이 경우 을도 함께 나타나므로 갑의 사생활 보호라는 목적은 달성될 수 없다.

[81] 외국의 경우를 보더라도 가족 관계를 증명하는 신분 증명서는 존재하지 않는 것이 보통이다. 독일도 2007년 신분 등록법 개정을 통하여 가족부(Familienbuch)를 폐지하였다(김상용, 앞의 논문(주58), 40면 각주6) 인용).

[82] 현행 가족 관계 등록법이 제정될 당시에 '가족'이라는 용어를 전면에 내세운 것은 이러한 정서를 의식했기 때문이다.

서라는 명칭을 계속 사용하는 것도 가능하겠지만, 이 경우에도 가족 관계 증명서의 종류를 이원화하여 특정한 친자 관계만을 표시할 수 있는 증명서와 배우자, 부모, 자녀가 일괄적으로 현출되는 증명서로 나누어서 발급하는 시스템을 도입하여야 할 것이다.[83]

2. 기본 증명서

기본 증명서는 개인의 출생과 사망 등에 관한 기본적인 사실을 증명하는 것을 목적으로 한다. 외국에서 출생증명서와 사망 증명서로 나누어져 있는 기능을 기본 증명서라는 하나의 증명서로 통합한 것이라고 이해할 수도 있으나, '기본'적인 사항이라고 보기에는 너무 많은 개인 정보를 담고 있다는 비판이 제기된다.[84] 예를 들어, 과거에 미성년자일 때 부모가 이혼하여 친권자로 모가 지정되었다는 사실이나 혼인 외의 자로 출생하여 생부로부터 인지되었다는 사실 등이 기본 증명서에 나타나는데, 취업을 위하여 기본 증명서를 제출하는 경우를 생각해 보면 이러한 개인 정보의 공시는 불필요할 뿐만 아니라 개인의 사생활을 과도하게 침해하는 것이다.

---

83   문흥안, "가족 관계 등록법의 문제점 및 그 개선 방안", 「법학논총」 제20집 제1호, 조선대학교 법학연구원, 2013, 324면.

84   더구나 이러한 정보 중 상당수는 개인의 사생활 보호와 밀접한 관련이 있는 것이다. 예컨대, 기아 발견, 인지, 친권, 미성년 후견, 국적, 성ㆍ본 창설 및 변경, 개명, 가족 관계 등록 창설, 성전환 등.

기본 증명서에는 증명서 발급 당시의 유효한 사항만이 아니라, 과거의 변동 사항도 함께 표시된다. 따라서 개명을 한 경우에는 현재의 이름뿐만 아니라 개명 전에 사용하던 이름도 표시되고, 성과 본을 변경한 때에도 종전의 성과 본이 표시된다. 성전환자의 경우에도 전환된 현재의 성(性)과 함께 종전의 성이 함께 표시된다. 이처럼 기본 증명서에는 본인의 의사와 관계없이 개인의 과거 변동 사항이 모두 표시되므로,[85] 개인의 사생활 보호 차원에서 문제가 있다는 비판을 받고 있다. 가족 관계 증명서에서 본 바와 같이 이러한 문제점을 완화하기 위하여 일부 사항 증명 제도가 도입되었으나,[86] 기본 증명서에 있어서도 일부 사항 증명서는 실제로 거의 활용되지 못하고 있는 것이 현실이다.

　가족 관계 증명서의 경우와 같이 기본 증명서도 이원화하여 증명의 필요가 있는 사항만이 선택적으로 현출된 증명서의 발급을 원칙으로 하고, 모든 등록 사항이 현출된 전부 증명서의 발급 및 제출은 불가피한 경우로 한정하도록 법을 개정할 필요가 있다.

85　이러한 사항의 대부분은 민감한 개인 정보에 해당한다.

86　이에 따라, 예컨대 개명을 한 경우에는 기본 증명서에 그 사실을 기재하지 않고 현재의 이름만이 기재된 증명서를 발급하는 것이 가능하게 되었다(기본 증명서의 일부 사항 증명서는 기아 발견, 인지, 친권·후견 종료, 실종 선고 취소, 국적 취득, 성·본 창설 및 변경, 개명, 가족 관계 등록 창설 등을 제외하고 작성한다(가족 관계 등록 규칙 제21조의2 제1항 제2호). 예를 들어 개명 사실을 증명하려면 전부 증명을 발급 받아야 하는데, 여기에는 개명뿐만 아니라 인지, 친권 등 다른 사항이 다수 포함되어 있어서 불필요한 개인 정보가 노출된다는 문제가 있다).

3. 혼인 관계 증명서

혼인 관계 증명서에는 본인의 혼인 및 이혼에 관한 사항과 배우자가 표시된다. 과거의 이혼 사실과 전 배우자까지 함께 표시되므로, 역시 본인의 의사와 관계없이 개인의 사생활이 드러난다는 문제점을 지적할 수 있다. 예를 들어, 혼인 사실을 증명하여 배우자 수당을 지급 받고자 하는 경우에 혼인 관계 증명서를 제출할 수 있는데, 본인의 과거 이혼 사실까지 함께 표시하는 증명서를 제출할 필요는 없을 것이다. 물론 이런 경우에 가족 관계 증명서를 제출하여 배우자 관계를 증명할 수도 있겠지만, 가족 관계 증명서에는 배우자 이외의 가족 관계가 나타나게 되므로 역시 사생활의 보호라는 관점에서 볼 때 문제가 있을 수 있다. 예를 들어, 재혼한 여자가 가족 관계 증명서를 제출하는 경우 배우자 난에는 현재의 남편만이 표시되지만, 여자 본인이 전혼 관계에서 낳은 자녀가 함께 표시됨으로써 현재의 남편과 본인의 자녀가 성·본이 다른 경우 이혼과 재혼 사실이 드러나게 된다.[87,88] 또한 혼인 관계 증명서의 일부 사항 증명서를 제출하는 것도 가능하지만, 실제 생활에 있어서 거의 활용되고 있지 못한 점은 다

---

87   김상용, 앞의 논문(주58), 45-46면.

88   이 경우에 일부 증명에 의해서 전혼 중에 낳은 자녀가 표시되지 않는 것이 가능하게 되었다는 점과 이러한 일부 증명 제도의 효과가 미미하다는 점은 위에서 언급하였다.

른 증명서의 경우와 다르지 않다. 혼인 관계 증명서도 이원화하여 현재의 혼인상태 및 그 외의 선택 사항만을 표시하는 증명서의 발급을 원칙으로 하고, 전부 증명서의 발급 및 제출은 반드시 필요한 경우로 한정할 수 있도록 법을 개정할 필요가 있다.

4. 입양 관계 증명서

입양 관계 증명서는 양친자 관계, 친생·친자 관계 및 입양과 관련된 사항(입양, 파양, 입양의 무효와 취소 등)의 증명을 목적으로 한다. 여기서 증명의 대상이 되는 입양은 민법에 의한 입양 중 일반 입양[89]이다. 가족 관계 등록법이 개정되어(2010년 6월 30일부터 시행) 일반 양자의 경우에도 가족 관계 증명서에 친생 부모가 기재되지 않고 양부모가 부모로 기재되므로 일반 양자의 친생 부모를 확인하기 위해서는 입양 관계 증명서를 보아야 한다. 입양 관계 증명서에도 현재 유효한 사항만이 아니라 과거의 변동 사항(입양 취소, 파양 등)까지도 전부 기록되므로, 다른 증명서와 마찬가지로 불필요한 개인 정보 노출의 문제가 생길 수 있다. 이런 문제를 해결하기 위하여 일부 사항 증명서의 발급이 가능하게 되었으나(가족 관계 등록 규칙 제21조의2 제1항 제4

---

89   김상용, 앞의 논문(주58), 49면.

호), 그 효과가 미미하다는 점은 다른 증명서의 경우와 같다. 입양 관계 증명서도 이원화하여 현재의 상태 및 선택 사항만을 표시하는 증명서의 발급을 원칙으로 하고, 전부 증명서의 발급과 제출은 반드시 필요한 경우로 한정할 수 있도록 법이 개정될 필요가 있다.

5. 친양자 입양 관계 증명서

친양자 입양 관계 증명서는 2005년 민법 개정에 의하여 새로 도입되어 2008년 1월 1일부터 시행되고 있는 친양자의 입양과 파양 등에 관한 사항의 증명을 목적으로 한다. 친양자 입양 관계 증명서에는 친생 부모의 성명, 주민 등록 번호 등의 정보가 현출되므로, 친양자로 입양된 사람이 자신의 친생 부모를 찾아내어 방문할 가능성도 배제할 수 없다. 이러한 규정을 통하여 친양자로 입양된 사람의 '친생 부모를 알 권리'는 충족될 수 있겠으나 친생 부모(대부분의 경우 미혼모)의 사생활은 보호되지 못한다.[90] 즉 친생 부모의 입장에서는 자녀의 출생 시로부터 19년 동안만 사생활의 비밀이 보장되는 것이다. 친생 부모가 자녀를 입양시킨 후 혼인하여 가정을 이루고 있는 경우에 약 20년 전에 친양자로 입양된 자녀가 출현한다면 가정이 파탄될 가능

---

90 김상용, 앞의 논문(주58), 53면

성도 배제할 수 없다. 현행법 규정을 따르는 경우에 발생할 수 있는 이와 같은 가능성을 인식한다면 어떤 친생 부모도 선뜻 친양자로 입양시키는 결정을 하지 못할 것이다. 또한 친양자 입양을 한 양부모가 양자에게 입양의 사실을 알리지 않고 양육하는 경우도 있을 수 있는데, 양자가 19세에 이르면 친양자 입양 관계 증명서를 교부 받아 입양 사실을 알 수 있게 된다는 점에 대해서 불안해 할 수도 있다.

출생 신고에 의해서 친생 부모에 관한 정보가 가족 관계 등록부에 기록되는 것과는 별도로 입양을 알선하는 입양 기관이나 중앙 입양원에서도 친생 부모에 관한 정보를 기록, 관리한다. 개정 입양 특례법 (2012년 8월 5일 시행)은 입양 기관이나 중앙 입양원이 보유하고 있는 입양 관련 정보를 공개하는 방법에 대해서 규정하고 있는데(입양 특례법 제36조), 그 핵심적인 내용은 친생 부모의 동의를 받아 정보를 공개한다는 것이다.[91] 가족 관계 등록부에 기록되어 있는 친생 부모에 관한 정보도 이와 같은 방법으로 보존, 공시하는 것이 가능하다고 본다. 즉 친생 부모의 동의가 있는 경우에 한하여 친양자 입양 관계 증명서에 친생 부모에 관한 정보가 현출되도록 하고, 그렇지 않은 경우[92]에

---

91 이 규정은 '양자의 친생 부모를 알 권리'와 '친생 부모의 사생활 보호'라는 두 가지 법익을 절충하여 마련한 것이다.

92 친생 부모가 자신의 신분 정보가 노출되는 것을 원하지 않는 경우.

는 친양자 입양 관계 증명서에 친생 부모에 관한 정보가 나타나지 않도록 하는 것이다.

제3절 입법적 개선 방안

Ⅰ. 민법 제781조 제1항 및 제6항 개정

민법 제781조는 자녀는 기본적으로 부의 성을 따라야 한다고 밝히고 있다. 개정 전 민법에서는 부자 동성의 원칙은 부가 외국인이거나 부를 알지 못할 때 등의 몇몇 예외의 경우를 제외하고 철저하게 적용되었지만 현 개정 민법에서는 모의 성을 따를 수 있는 절차를 마련해 두었으므로 절대적인 부자 동성의 원칙이 적용되고 있다고 보기는 어렵다. 하지만 모의 성으로 변경을 하는 절차상의 문제점들을 생각해 볼 때, 이는 결국 폐지된 호적법의 연장 적용이라고 할 수 있다.

모의 성과 본을 따를 수 있는 절차가 마련된 상태에서 기본적인 원칙으로 부의 성을 따르도록 한 점은 개인의 성 결정 권리를 침해하고 있는 것이다. 또한 자녀의 성을 부의 성으로 따를 것인지 모의 성으로 따를 것인지를 결정하는 것은 혼인 이전에 결정하고 혼인 신고 시 신고하는 것이 아니라 자녀의 출생 신고 시에 부부 양자의 합의에 의해서 결정하여야 하는 것이므로 관련된 절차가 수정되어야 한다. 더 나아가 추후 자녀 본인의 의사에 의하여 자신의 성을 결정할 수 있는 방법이 마련되어야 본 법률의 취지인 인간의 존엄성과 양성평등이라는 헌법 가치에 조금 더 다가갈 수 있을 것이다.[93]

모의 성과 본으로 자녀의 성을 결정할 수 있는 제도를 모의 권리를 확대하고 양성평등의 가치가 구현된 대표적인 점이라고 홍보하고 있는데, 그 취지와 홍보 내용에 부합하기 위해서는 민법에서 부 성 승계의 원칙을 밝히는 부분이 삭제되어야 한다. 처음에는 부 또는 모와 같이 성을 사용한다면 불편한 점도 있겠지만 앞에서 외국의 성씨 제도 개관을 보더라도 부나 모의 성을 사용하는 개혁은 힘든 일이지만 시간이 지나면 익숙해지는 법이다. 호주제를 폐지하였을 때도 많은 유림과 족보를 지키는 단체에서 거센 반발이 있었지만 불필요하여 폐지되었듯이 부 또는 모를 사용하는 것도 많은 반발이 있겠지만 시간이 지나면 호주제 폐지처럼 익숙해 질 것이다.[94] 그래서 연구자는 다음과 같이 개정되기를 촉구한다. 민법 제781조 제1항은 "혼인 신고에 의해 출생한 자는 부 또는 모의 협의한 성과 본을 따른다."라고 제시하며, 제6항은 "자의 성과 본은 부모 또는 자의 청구에 의하여

---

93 정현수, 앞의 논문(주59), 292–295면.

94 고인석, "규제 입법의 개선 및 합리화 방안",「서울행정학회 학술대회 발표논문집」, 서울행정학회, 2014. 4., 60면.

법원의 허가를 받아 이를 변경할 수 있다.[95] 다만, 법원은 자의 연령, 성숙도 및 그의 의사, 자의 양육 상황, 자의 성과 본의 변경 횟수, 자의 정서적 안정 등에 비추어 그 성과 본을 변경으로 인해 자의 복리를 해할 우려가 있는 경우에는 그 청구를 기각할 수 있다."라고 제시한다.

II. 친양자 입양 관계 증명서 폐지

친양자 제도의 기본 취지는 근친혼을 막는데 있는 것이 아니라 양자가 입양 가정에서 친생자와 같이 성장할 수 있는 환경을 법적으로 보장[96]해 주는데 있다. 친양자 입양 관계 증명서는 본인이 20세가 되기 이전에는 발급 받을 수 없다. 그러나 20세가 지난 이후에는 결국 친양자 입양 관계 증명서는 성년이 된 친양자에게 노출되어진다. 성년의 경우에도 본인이 친양자였다는 사실을 처음으로 인지하였을 때의 개인의 정체성에 대한 심리적 충격 및 혼란으로 인해 본 제도가 지향하는 자의 복리 증진과 배치된다.

친양자 입양 관계 증명서의 목적이 근친혼을 방지하고 친생 부모

---

95   인터넷 검색어 '모의 성으로 변경'으로 검색해 보면 자유 게시판에 대부분의 엄마들이 자기의 성을 물려주고 싶다는 내용이 대부분이다
      (http://www.82cook.com/entiz/read.php?num=1269827).

96   김현숙, 앞의 논문, 16면.

에 대한 기록을 남기는 것이 목적이라면 증명 서식이 아닌 별도의 기록만으로도 가능하다. 사회적으로 불필요한 정보까지도 요구하는 관행으로 미루어 볼 때, 불필요한 증명서의 존재는 결국 불필요한 개인정보의 노출을 강요받는 현실을 만들어낸다.[97]

따라서 가족 관계 등록법의 5가지 증명 서식 중 친양자 입양 관계 증명서는 그 증명서의 사용 목적 및 실효성을 고려하여, 폐지와 근친혼 방지 및 친생 부모에 대한 기록을 별도로 두는 입법 개정이 필요하다.

III. 가족 관계 등록법 명칭 변경

현행 민법은 제779조에서 '가족의 범위'에 대한 규정을 두고 있다. 호주제가 헌법 불합치 판결을 받은 이후 종전의 민법은 개정이 불가피하게 되었는데, 그 중 호주를 중심으로 한 '가(家)' 개념의 편제를 나타내는 '호주의 배우자, 혈족과 그 배우자 기타 본 법의 규정에 의하여 그 '가(家)'에 입적한 자'라는 가족의 범위는 호주와 '가(家)' 개념이 없어지는 상황에서는 삭제되는 것이 합리적이었다. 실제로 민법 개정안을 제출했던 이경숙 의원과 노회찬 의원의 안에서는 '호주

---

97   김현숙, 앞의 논문. 69–73면.

를 중심으로 하여 그 '가(家)'에 입적한 자를 가족으로 규정하는 것은 실제 가족 공동체와 전혀 부합하지 않고, 호주와 가족 구성원과의 관계를 종적이며 권위적인 가부장적인 관계로 고착화시키고 부부를 차별하며 다양한 가족 형태를 수용하지 못하여 이를 삭제'한다고 밝히고 있다. 하지만 정부는 본 조항의 삭제가 가족의 해체를 가져온다는 우려를 감안하여 가족의 범위 조항을 삭제하는 대신 가족의 범위를 새로 확대 규정하는 것으로 제안하였고 개정 민법에는 정부안이 채택되었다.

민법 제779조는 가족의 범위를 국가가 법으로 정할 수 있는가는 논외로 하더라도 그 법 조항 자체적으로 심각한 논리적 모순에 빠진다. 예를 들어 부와 처, 생계를 같이 하는 처의 여동생으로 구성된 가족의 경우를 살펴보면 부의 입장에서 처의 여동생인 처제는 동거하는 배우자의 형제자매이므로 그 관계가 가족에 해당한다. 하지만 처제의 입장에서 형부는 방계 혈족의 배우자이므로 민법 제779조 제1항 2호에 의해 가족이 되지 않는다. 동일한 인물들의 관계가 기준안에 따라서 서로 다른 관계로 정의되는 법률적인 문제가 발생하며 심각한 논리적인 문제에 부딪히게 된다.[98]

---

98 송효진, "가족 관계 등록법의 문제점과 개선 방안", 「젠더리뷰」 제32권, 한국여성정책연구원, 2014, 52-53면.

또한 이혼율이 급증하는 만큼 재혼 가정도 늘어나게 되는데 재혼 가정의 경우 계부의 성으로 성·본 변경을 한 경우에도 주민 등록표에 동거인으로 표시되고 있다. 이는 재혼을 하더라도 민법상 부자 또는 모자의 법률적 관계가 발생하지 않으므로 동거인으로 표시할 수밖에 없다. 민법상 계부나 계모는 혈족의 배우자로서 상속이나 친권 행사와 아무런 관련이 없는 인척이 된다. 이렇게 민법 제779조가 존재하는 한 계부모는 법률상 부모가 아니기 때문에 부모 관계인 것처럼 표시하는 것은 불가능하다.[99]

즉 가족의 범위는 법으로 가족을 규정하는 오류를 범하여 실제적으로 가족생활을 영위하고 있는 가족들을 가족으로 인정하지 않아 여러 가족들에게 커다란 상처를 입히고 있다. 또한 가족 관계 등록법은 '가족'이라는 용어를 법률 명칭으로 택하고 가족 관계의 변동을 신분 변동의 기본으로 정하고 있으므로 근본적인 모순과 문제점을 내포하고 있다.

따라서 헌법의 양성평등과 민법에 정의된 가족 범위에 배치되므로 삭제되어야 하며, 헌법의 개인의 존엄성을 우선시하여 명칭을 개인 신분 등록 제도를 잘 설명할 수 있는 명칭으로 입법 개정되어야 한다.

---

99 김은아, "재혼 가족의 친족법적 과제", 「가족법연구」 제24권 제3호, 한국가족법학회, 2010, 92-93면.

Ⅳ. 등록 기준지 삭제

등록 기준지를 폐지하는 '등록 기준지 폐지안' 1안으로 가족 관계 등록법 및 동 규칙의 규정상 '등록 기준지' 모두 삭제, 그리고 순수하게 매개로 사용하기 위해서는 이를 매개자로서 내부 등록 정보에 저장해 놓고 호적 제도와의 매개를 위해서만 시스템 내부적으로 사용하며, 증명서상으로는 현출할 때 표기하지 않는 '등록 기준지 현출 제한안'을 2안으로 제안할 수 있다. 가족 관계 등록부는 등록 사항에 관한 전산 정보를 등록 기준지에 따라 개인별로 구분하여 전산 정보처리 조직에 의하여 작성한다(가족 관계 등록법 제9조 제1항, 가족 관계 등록 규칙 제17조 제1항). 한편 가족 관계 등록부라는 개념은 개인의 가족 관계 등록에 관한 전산상의 자료의 집합을 의미하므로 구체적인 형태는 없고 다만 가족 관계 등록부에 기록할 사항만이 있는 것이며, 이를 등록 사항별 증명서로 현출할 때에는 해당 증명서의 양식에 맞추어 필요한 데이터를 불러 조합하는 것이다.[100]

따라서 등록 기준지를 기능적 개념으로 존치시켜 전산상 매개 기능으로 사용하되 증명서로 현출할 때는 표기하지 않는 것이 가능하다. 이 경우 증명서의 열람 · 발급 시에는 원칙적으로 주민 등록 번호

---

100 법원행정처, 「가족 관계 등록 실무」, 2012, 72면.

로 확인하여 검색·발급하도록 하면 될 것이다. 그리고 비송사건 관할 중 등록 기준지로 되어 있는 것은 주소지로 변경하는 것으로 개선되어야 한다. 한편, 등록 기준지를 폐지하지 않고 2안에 따를 경우 등록 기준지 변경 신고는 새롭게 등록 기준지로 하고자 하는 곳뿐 아니라 전국의 시(구)·읍·면 어디에서나 가능하도록 개선하여 국민들로 하여금 변경 신고가 더욱 용이하도록 하여야 한다. 현행 부 성 우선주의의 원칙하에서 출생자의 등록 기준지를 현행과 같이 '자녀가 따르는 성과 본을 가진 부 또는 모의 등록 기준지'로 할 경우 등록 기준지는 종전의 부계 혈통 중심의 가(家) 개념을 바탕으로 한 '본적' 개념을 극복하기 어렵다. 등록 기준지를 '출생지'로 하는 안(案)도 생각해 볼 수는 있으나, 지역주의의 문제가 완전히 해소되었다고 보기 어려운 우리 사회에서 등록 기준지가 출생 연고지와 연결될 우려가 있으므로 바람직하지 않다.[101]

따라서 출생의 경우에 부 또는 모의 특별한 의사 표시가 없을 때에는 등록 기준지는 '자녀가 따르는 성(姓)과 본(本)을 가진 부 또는 모의 등록 기준지'가 아닌 '부 또는 모의 등록 기준지'로 하도록 입법 개정되어야 한다.

---

101 법원행정처, 위의 책, 73면.

제5장

결론

대개 국가에는 성씨 제도가 마련되어있는데 선진국의 제도에 역행하고 완전한 양성평등에 반하는 성씨 제도를 가진 나라 중 한 곳이 바로 우리나라이다. 과거 개국 당시 여성의 지위는 낮았고 양성 불평등한 제도 하에 놓여 있게 되면서 사회적인 인식과 관습상 여성의 불평등한 지위를 정당화하는 법률이 양성 불평등하게 제도화되었다.

현 우리나라의 성씨 제도는 부계 혈통의 표식으로, 자는 부의 성을 따라야 한다는 부자 동성의 원칙과 조상에게 물려받은 성은 결코 변경할 수 없다는 성 불변의 원칙이 여전히 친족 상속법상 존재한다. 전통적인 혈통주의를 바탕으로 현행 민법상 친족 상속법에서는 부계 혈통주의를 친족 제도로 규정하고 있어, 여자는 혼인을 하면 부의 혈족 집단에 속하게 되고 자는 민법 제781조 제1항에 의해 부모의 협의하에 모의 성을 따르도록 하고 있으나 여전히 부성주의 원칙을 따르고 있는 것이 현실이다.

그러나 최근 모의 법적·사회적 지위와 관련하여 자의 성에 대한 관심은 증가하면서 성씨 제도에서의 헌법상 양성평등이 핵심 과제로 부각되기 시작했다. 이에 현행 헌법에서는 '개인의 존엄과 양성평등'에 입각한 성씨 제도의 개혁이 반드시 필요한 실정이다.

그런 맥락에서 본고에서는, 헌법 제11조 및 제36조 제1항의 개인의 존엄성을 바탕으로 한 양성평등과 국제 아동 권리 협약 제12조의 자의 의사 표명권을 중심으로 성씨 제도의 특징과 법률적인 문제점을 파악하고 성씨 제도의 개선 방안을 연구하였다.

먼저 성씨 제도와 양성평등의 상관관계에 대해 살펴보면, 전 세계적으로는 부성주의를 탈피하고 모의 지위가 향상되면서 완전한 양성평등을 위해 점차 가족법상 부성주의를 완화하거나 폐지하는 국가들이 증가하고 있는 추세로, 물론 부성주의를 바탕으로 하는 가족법을 유지하는 국가도 있으나 오늘날 대부분의 국가들은 가족법상 인간의 존엄성과 평등을 구현하고자 하며 성에 있어서도 부의 성만 강제하지 않고 모 성 또는 제3의 성을 선택할 수 있게 하여 부성주의가 완화되어 가는 흐름을 엿볼 수 있다. 이는 가(家)의 상징인 성과 본이 양성의 불평등을 위해 존재하는 것이 아니라 가문의 구성원임을 확인하기 위한 것으로 성과 본을 필요에 의해 변경할 수 있으며 성·본 문화의 근본을 유지하는 것과는 다른 맥락으로 볼 수 있다.

위와 같이 현대의 부성주의[01] 완화나 폐지 추세는 우리나라의 부성주의에 기반한 민법 제781조 제1항 친양자 제도 및 가족 관계 등

---

01   여기서 부성주의와 부계 혈통은 미묘한 차이로 전자는 부의 성을 따르는 것이고 후자는 부의 피를 이어받는 것을 말한다. 일례로 부부가 이혼하고 부가 재혼하여 모가 친부의 자를 데리고 재혼했을 경우 자의 복리를 위해 계부의 성으로 변경한다고 해서 친부의 성은 변경될지라도 친부의 혈통은 변하지 않는 것이고, 또 다른 예로는 부가 무정자증으로 인해 처가 인공 수정을 하여 자를 출생했을 시 부의 성을 따른다고 해서 부의 혈통이 되는 것이 아닌 것으로, 결국 성은 부의 성이지만 정자를 수여 받는 사람의 혈통인 셈이고 오히려 인공 수정으로 받은 자의 혈통은 모계 혈통에 해당되는 것이다.

록부에 영향을 미치고 있으며, 부성주의가 가(家) 중심인 우리나라의 민법에서 일가의 계통을 근본적으로 이어갈 수 있게 하는 성씨 제도로써 출생, 혼인 및 이혼 등 국민의 일상생활에도 깊이 관여하고 있다. 이는 합리적인 합의와 기준이 결여된 남녀가 불평등한 가부장제의 전형이라고 할 수 있으며, 남성 우월 의식의 부성주의는 법제화의 전형으로 여전히 모를 차별하는 제도라고 볼 수 있다. 또한 이혼으로 인해 여성이 가(家)의 가장권을 가지게 되면서 모의 성이 자의 성이 되고, 자는 모 가에 입적하므로 시대적 흐름에 따라 부성주의로 변화된다고 할지라도 부계 혈통의 폐지는 아니므로 제781조 제1항의 원칙이 부 또는 모의 성을 유지하는 방향으로 개정과 함께 부성주의를 고집하는 인식 개선이 필요한 실정이다.

헌법의 양성평등 관점에서 우리나라의 성씨 제도를 살펴보면, 점차 모 성의 권리를 반영해 가고 있으며 대부분의 불합리한 규정과 남녀 차별적인 요소들을 제거하는 합리적이고 현실적인 방향으로 개정되고 있다. 법 제도는 전통적 성씨 제도의 위헌성을 인식하고 이를 시정하고자 헌법 제36조에서 특별히 '양성평등과 개인의 존엄'을 명시하였는데 이는 헌법적 결단으로 볼 수 있는 것이다. 이러한 법제화 과정 속에서 우리의 법 문화가 과거 사상에서 자유롭지는 못하겠지만 그래도 맹목적인 시각에서 벗어나 양성평등한 성씨 제도를 보완하고 구축하여 각기 다른 상황에 처해 있는 사실을 법 제도가 그대로 수용함으로써 복합적이고 종합적인 평등 판단을 함으로써 전체적인 조화와 균형을 갖추어야 할 것이다. 인간 사회의 삶의 구조는 원초적으로 평등하지 않기에 이러한 차이점을 있는 그대로 수용하여 사회 통합의 큰 틀에 담아내는 것이 법의 역할이므로 권리와 힘의 비례 관계를 고려하여 상대적이고 관계적인 평등관을 이루어야 할 것이다.

다음은 성씨 제도의 개선 방안으로, 여기서 본 연구자는 부성주의 원칙을 삼고 있는 우리나라의 성씨 제도가 민법 제781조 제1항[02]에서 자는 부의 성과 본을 따른다는 조항이 헌법 제36조 제1항에 비추어 완전한 양성평등이 아닌 것으로 판단하여 민법 제781조 제1항이 개정되어야 함을 다음과 같이 제시한다.

"혼인 신고에 의해 출생한 자는 부 또는 모의 협의한 성과 본을 따른다." 하여 완전한 양성평등에 입각한 성씨 제도로 유지해야 함을 제기하였다. 또한 이혼 시에는 부나 모에게 양육권을 주지만 친권은 공동 친권으로 주어 공동 친권자의 가족 관계 등록부상 자의 성 변경이 자유롭게 이루어지면서 독일의 경우 부가의 성을 원칙으로 하되 모의 성도 사용할 수 있는 이중 성 혹은 제3의 성을 사용할 수 있도

---

02 현행 민법 제781조 ① 자는 부의 성과 본을 따른다. 다만, 부모가 혼인 신고 시 모의 성과 본을 따르기로 협의한 경우에는 모의 성과 본을 따른다.

록 허용하고 성만 기재하는 성 증명서(姓證明書)를 제도화하거나, 이웃나라 일본처럼 양성의 합의에 따라서만 성립하는 성을 부여하는 것과 프랑스처럼 부모가 협의하여 자녀의 성을 정하는 경험적 자료는 성에 대한 근본을 유지하고 다양성을 인정하면서 완전한 양성평등을 보여 주는 것으로 숙고할 만하다.

물론 현실과의 간극은 적지 않을 것이나 이제는 성씨 제도 내 양성평등이 문화적 다양성을 바탕으로 한 삶의 환경과 문화가 다른 여성을 일반화시키는 단일한 공통점을 부정하고, 여성에 대한 이해 추구와 평등의 고찰, 그 이론적 사상을 합리적인 비판을 통해 각각의 상황에 적합한 다양한 방식을 모색하고 고려하는 방향으로 나아가야 한다. 그 일환으로 우리나라 민법상 가족법이 서양처럼 민법에서 가족법으로 분리·독립되어야 하며, 현행 민법 제781조 제1항에서 정하고 있는 자녀 성에 대한 부성주의 원칙은 여성을 부계 혈통을 잇는 생산자로 인식하는 가부장의 성을 그대로 노정(露程)하고 있다. 이는 가정 내에서 모의 지위를 부차적인 것으로 만들고 있으므로 헌법 제36조에 반하고, 또한 그 근거가 유일하게 성별을 기준으로 하고 있는 것이므로 헌법 제11조 모와 여성의 평등권 침해이며 헌법 제10조 인격권의 침해이다.

따라서 헌법 정신을 근간으로 민법 제781조 제1항의 원칙인 부성주의가 완전한 양성평등의 차원으로 개정되어야 국민의 인식 개선이 부의 성을 사용하지 않는 함에 있어서 사고방식이 없어지며, 재혼을 하고, 성이 다르더라도 자가 성장함에 있어 차별적 인식이 개선될 것이다.[03] 또한 다문화 된 가치가 보장 받는 다양성의 시대를 살아가는 우리에게 진정한 개인의 존엄과 양성의 평등에 기초하는 성씨 제도라고 하는 헌법 이념에 적합하게 부부 협의 결정 원칙으로 전환되어야 할 것이다.

---

03   대법원 2016. 1. 26. 선고 2014으4 판결; 광주가정법원 2014. 2. 6. 선고 2013느단2323 판결.

Abstract

What is woman's gender or last name?

Lee, ki soo

Doctor of Civil laws(LL.D.)

The nation's discussions concerning a family name system is graded with the provisions of the law not reflect the social and moral sense demand for revision because too often continues. Have been raised.

As a result, this study system based on Article 11 of the Constitution and Article 36 last names, surnames of their legal basis of the nation's family name system and foreign research to improve system. Comparative analysis of your last name, the law of the features and legal surname equality issues aimed at studying the Improvement of system and last names.

A sounder legal basis on the surnames of their advanced research, our country and foreign institutions focusing on surname equality compared and discussed.

Comparison method based on surname equality and to respect the meaning of the personal mark in terms of a voluntary agreement of the family in the direction of respecting the institution of the family and family name system is changing. I know that you can.

Article 781, for surname equality perspective of the family name system of law system my paternal care in paragraph 1. Article 11 of the Constitution and Article 36, paragraph 1 of the Individual's integrity and surname equality. For example, a look at the violation and to discuss changes in the last name system based on surname equality.

Change in Constitution and international treaty law, the rights of children in this family name in terms of surname equality, discussing based on the Convention on the Rights of the mind so you can count. Raised to be guaranteed the right of legislative measures are required.

In conclusion, complete family name system based on surname equality is a traditional advisory paternal blood of personal rights under civil law, and should change in ways that values. Full surname equality can be actively so that they can be realized, contribute to the right of family law in civil law should be disconnected. In addition, Article 11 of the Constitution and based on Article 36, paragraph 1 of the bilateral system is negative, Article 781, paragraph 1, paragraph 6, and birth care and paternal lineage of which can be complete surname equality. When changing the surname of and legal revisions, reflect effectively the right to a declaration of intention for the welfare of a legislative supplement are required.

Key words : Paternal lineage, Surname Equality, Constitution Code 36 trillion, Civil Code Section 781 trillion, familyname system

참고문헌

Ⅰ. 국내문헌

1. 단행본

계희열, 「헌법학(상)」, 2005.
──, 「헌법학(중)」, 박영사, 2007.
구병삭, 「헌법상 자기 결정권의 문제」, 월간고시, 1990.
권영성, 「헌법학원론」, 법문사, 2008.
금산법문화연구 편, 「러시아신가족법」, 금산법학 제2호, 세창출판사, 2000.
김상용, 「가족법연구Ⅱ」, 법문사, 2006.
──, 「가족법연구Ⅲ」, 법문사, 2010.
──, 「개정민법해설」, 법조, 2005.
김성수 역, 「대만민법전」, 법무부, 2012.
김용한, 「친족상속법」, 박영사, 2004.
──, 「신친족상속법론(신판)」, 박영사, 2002.
──, 「신판 친족상속법론」, 박영사, 2002.
김주수·김상용, 「친족상속법 제9판」, 법문사, 2012.
──, 「친족상속법─가족법10판」, 법문사, 2011.
──, 「친족·상속법:가족법」, 법문사, 2010.
──, 「친족상속법」, 삼영사, 2008.
──, 「친족·상속법(제8판)」, 법문사, 2007.
김철수, 「헌법학개론」, 박영사, 2007.
──, 「헌법학개론(전정신판)」, 박영사, 1999.
명순구 역, 「프랑스 민법전」, 법문사, 2004.
박동섭, 「친족상속법3정판」, 박영사, 2009.
박정기·김연, 「친족상속법」, 탑북스, 2013.
──, 「가족법─친족상속법」, 삼영사, 2005.
서희원, 「국제사법강의」, 일조각, 1997.
석수길 역, 「중화인민공화국 민법」, 시간의 물레, 2005.
신영호, 「로스쿨 가족법강의」, 세창출판사, 2010.
신정모라, 「공자를 울린 여자」, 과학과 사상, 1997.
신창선, 「국제사법」, 학우, 2002.
양수산, 「친족상속법」, 일신사, 1994.
양현아, 「한국 가족법 읽기」, 창비, 2011.
오현수 편역, 「일본민법」, 진원사, 2014.
유진오, 「신고 헌법해의」, 일조각, 1953.
윤종진, 「현대국제사법」, 한올, 2003.
윤진수, 「여성차별철폐협약과 한국가족법, 민법논고 Ⅳ」, 박영사, 2009.
이병화, 「법여성학 판례연구」, 에듀컨텐츠·휴피아, 2013.
이화숙, 「2005년 개정가족법 해설 및 평가」, 세창출판사, 2005.
조승현, 「친족·상속 제4판」, 신조사, 2014.
최금숙, 「로스쿨 친족법Ⅰ」, 제일법규, 2010.
허영, 「한국헌법론」, 박영사, 2009.
법원행정처, 「가족관계등록실무편람」, 2014.
──, 「가족 관계등록실무」, 2012.

2. 논문

고경호, "헌법상 복리 이념에 기초한 친권에 관한 연구", 중앙대학교 대학원 박사학위논문, 1999.

─────, "미성년자의 복리에 관한 헌법 이념", 「학술논집」 제28집, 원주대학, 1997.

고인석, "규제 입법의 개선 및 합리화 방안", 「서울행정학회 학술대회 발표논문집」, 서울행정학회, 2014. 4.

권영복, "아동의 권리에 대한 법적 고찰-아동인권론의 방향과 아동 권리 협약의 국내법적 효력을 중심으로", 「아태공법연구」 제11집, 아세아태평양공법학회, 2003.

권정희, "이혼에서 자녀 보호를 위한 법적 고찰", 「가족법연구」 제15권 제1호, 한국가족법학회, 2001.

권형준, "어린이의 기본권에 관한 고찰-특히 UN 어린이 권리 협약을 중심으로", 「헌법학연구」 제4집 제2호, 한국헌법학회, 1998.

김강운, "헌법상 자기 결정권의 의의", 「법학연구」 제20호, 한국법학회, 2005.

김기현, "국제 결혼 다문화 이주 여성의 인권 보호 방안", 「인권복지연구」 제7호, 한국인권사회복지학회, 2010.

김명숙, "자의 복리와 친권, 자의 권리", 「안암법학」 제28권, 안암법학회, 2009.

김범철, "자의 성에 대한 규정의 비교법적 접근-독일 민법 규정의 변천을 중심으로", 「가족법연구」 제19권 제1호, 한국가족법학회, 2004.

김병두, "자의 성취득과 그 변경-개정 민법 제781조와 관련하여-", 「법학연구」 제14권 2호, 경상대학교 법학연구소, 2006.

김상겸 · 정윤선, "독일 통일 헌법 제정상의 교훈을 통한 한반도 통일 헌법 구상", 「한 · 독 사회과학논총」 제22권 제1호, 한국사회과학회, 2012.

김상용, "가족 관계 등록법의 문제점과 개정 방향", 「법학논문집」 제38집 제2호, 중앙대학교 법학연구원, 2014.

─────, "이혼 후의 양육자 및 친권자 결정에 있어서 민법이 갖는 몇 가지 문제점", 「사법행정」 제37권 제8호, 한국사법행정학회, 1996.

김상찬 · 김유정, "국제 결혼 이주 여성의 인권 보호를 위한 법적 과제", 「법학연구」 제43권, 한국법학회, 2011.

김상헌, "인공 생식의 민법상 쟁점에 관한 법리 연구", 제주대학교 대학원 박사학위논문, 2015.

김선이, "독일 통일과 가족법", 「가족법연구」 제11호, 한국가족법학회, 1997.

김선택, "아동 · 청소년 보호의 헌법적 기초-미성년 아동 · 청소년의 헌법적 지위와 부모의 양육권", 「헌법논집」 제8집, 헌법재판소, 1997.

김성숙, "혼인 외자에 대한 인지 제도의 문제점", 「숭실대학교 법학논집」 제13권, 숭실대학교 법학연구소, 2003.

김성은, "젠더관점에서 본 자의 성 · 본 변경허가의 판단기준", 「법학연구」 제58권, 한국법학회, 2015.

김영규, "우리 민법상의 부성주의", 「법학연구」 제25집, 한국법학회, 2007

김용화, "아동권 보장을 위한 입법적 · 정책적 대안", 「아동과 권리」 제15권 제3호 통권46

호, 한국아동 권리학회, 2011.

김유경, "자의 성과 본 변경 허가 심판의 판단 기준", 「이화젠더법학」 제4권 제2호, 이화여 자대학교 젠더법학연구소, 2012.

김유미, "아동 권리에 관한 국제 협약과 우리 민사법", 「비교사법」 제9권 제4호 통권19호, 한국비교사법학회, 2002.

―――. "이혼 시 친권의 개정 방향", 「가족 법연구」 제15권 제2호, 한국가족법학회, 2001.

김은아, "재혼 가족의 친족법적 과제", 「가족 법연구」 제24권 제3호, 한국가족법학회, 2010.

―――. "혼인 관계 및 가족 형태가 친권에 미 치는 영향", 「서강법학연구」 제11권 제2호, 서강대학교 법학연구소, 2009.

김자영 · 강승묵, "가족법 개정과 대학생의 친 족 및 성과 본에 대한 의식 변화 연구", 「전 북대학교 법학연구」 통권 제34집, 2011.12.

김재국, "현대 여성의 성씨에 관한 권리", 「민 사법연구」 제8권, 대한민사법학회, 2000.

김종국, "성과 본의 변경에 따른 소속 종중의 변경 여부에 관한 소고", 「가족법연구」 제23 권 제3호, 한국가족법학회, 2009.

김지현, "혼인 · 가족 형태의 다양화와 헌법적 대응", 고려대학교 대학원 석사학위, 2010.

김현숙, "가족 관계의 등록 등에 관한 법률의 문제점", 연세대학교 정경대학원 석사학위, 2008.

김태일, "혼인 · 가족 제도의 다양성에 관한 헌 법적 연구", 조선대학교 대학원 박사학위, 2013.

문흥안, "가족 관계 등록법의 문제점 및 그 개

선 방안", 「법학논총」 제20집 제1호, 조선대 학교 법학연구원, 2013.

박복순, "자녀 양육비 확보제도에 관한 연구", 전남대학교 대학원 박사학위, 2004.

박복순 · 현소혜, "친양자 및 자녀의 성 · 본 변 경 제도에 관한 성 인지적 분석", 「가족법연 구」 제28집 제1호, 한국가족법학회, 2014.

박주영, "아동의 의견 표명권에 관한 검토-가 사 사건 절차를 중심으로", 「가족법연구」 제 23권 제2호, 한국가족법학회, 2009.

박한비, "아동 권리 협약과 관련된 아동의 인권 상황 및 문제점", 경북대학교 대학원 석사학 위, 2013.

배윤주, "아동 · 청소년의 권리에 관한 연구", 이화여자대학교 대학원 석사학위, 2014.

백승흠, "대리 임신의 문제점에 관한 고찰-최 근 일본에서의 논의를 중심으로", 「한국사회 과학연구」 제29집 제2호, 청주대학교사회과 학연구소, 2007.

변화순, "가족 사회학적 관점에서 본 가족법의 변화와 전망", 「법학연구」 제17권 제3호, 연 세대학교 법학연구원, 2007.

서경환, "자의 성과 본의 변경 허가 판단 기준", 「대법원 판례해설 81집」, 법원도서관, 2009.

석동현, "국제 가사 사건을 다루는 법률가들께 드리는 고언(苦言)", 「가족법연구」 제30권 제 1호, 한국가족법학회, 2016.

손대준, "한국과 일본의 성씨에 대하여", 「시민 인문학」 제3권, 경기대학교 인문과학연구소, 1996.

손현경, "한국 가족법상의 성씨 제도에 관한 연 구", 부산대학교 대학원 박사학위, 1996.

송효진, "가족 관계 등록법의 문제점과 개선 방

안", 「젠더리뷰」 제32권, 한국여성정책연구원, 2014.

송효진·박복순, "가족 관계 등록 제도의 개선 방안 연구-전문가 조사 결과를 중심으로", 「가족법연구」 제28권 제2호, 한국가족법학회, 2014.

신우철, "아동의 권리-한국의 문제 상황을 중심으로", 「아동 권리연구」 창간호, 한국아동권리학회, 1996.

안구환, "국제 호적의 몇 가지 문제점-중요 신분 행위의 쟁점 사항을 중심으로", 「국제사법연구」 제12호, 한국국제사법학회, 2006. 12.

안동현, "유엔 아동 권리 협약의 의의와 과제", 「아동 권리연구」 제3권 제2호 통권6호, 한국아동 권리학회, 1999.

안소영, "입양법제의 개선 방안-헤이그 국제 입양 협약의 비준에 즈음하여", 이화여자대학교 대학원 박사학위, 2015.

안재진, "국내법에 나타난 입양 제도의 변천 과정 분석-아동 권리의 관점에서", 「한국가족복지학」 제16권 제4호, 한국가족복지학회, 2011.

양창수·김상용 역, "친권법의 기본 문제", 「서울대학교 법학」 제102호, 서울대학교, 1996. 12.

양현아, "특집 6월 항쟁 이후 20년에 대한 법 사회학적 평가-1987년 이후 가족법의 변화에 관한 법 사회적 고찰", 「법과 사회」, 법과 사회이론학회, 2007.

연기정, "가족 관계 등록법의 문제점과 개선 방향", 충북대학교 대학원 석사학위, 2008.

오승이, "판례를 통해 본 자의 성과 본 변경 허가 판단 기준", 「젠더법학」 제2권 제2호, 한국젠더법학, 2010.

오병철, "자녀의 성과 본에 대한 연구-다문화 가정을 중심으로", 「가족법연구」 제30권 제1호, 한국가족법학회, 2016.

위선주·배은경, "자녀의 성·본 변경을 통해 본 부계 가족의 정상성과 어머니의 지위", 「젠더와 문화」 제6권 제1호, 계명대학교 여성학연구소, 2013.

유경미, "호주 제도 폐지에 따른 민법 규정 및 호적 제도의 검토", 「법학연구」 제21집, 한국법학회, 2006.

윤진수, "헌법이 가족법에 미친 영향", 「법학」 제45권 제2호, 서울대학교, 2004. 3.

윤혜경, "아동 권리의 측면에서 본 아동, 부모, 국가 간의 3자 관계와 아동의 최선의 이익", 「한국가족복지학」 제2권 제2호, 한국가족복지학회, 1997.

이경희, "친생 친자 관계법의 문제점과 개선 방향", 「가족법연구」 제16권 제1호, 한국가족법학회, 2006.

이기수, "자의 성·본 변경에 대한 판단기 준", 「비교법연구」 제16권 제2호, 동국대학교 비교법문화연구원, 2016.

이병화, "가족법 분야의 헤이그 국제 사법회의 협약-특히 아동 보호와 관련하여", 「국제사법연구」 제12호, 한국국제사법학회, 2006. 12.

───, "아동 권리 협약의 국내적 이행", 「국제법학회논총」 제46권 제3호 통권 제91호, 대한국제법학회, 2001. 12.

이상철, "조약의 국내법적 효력", 「법제연구」 제16호, 한국법제연구원, 1999.

이새라, "양성평등의 관점에서 오늘날 한국의 성씨 제도의 법철학적 고찰−자녀의 성 변경을 중심으로", 「강원법학」 제47권, 강원대학교 비교법학연구소, 2016. 2.

이선의, "이혼 후의 자녀 양육 제도에 관한 비교법적 연구−한국법과 중국법을 중심으로", 인천대학교 일반대학원 석사학위, 2010.

이승우, "친양자 제도 관견", 「성균관법학」 제19권 제2호, 성균관대학교 법학연구소, 2007.

───, "친양자 제도 소고", 「아세아여성법학」 제2권, 아세아여성법학연구소, 1999.

이애영, "혼외자에 대하여 친자 관계를 인정함에 있어서 발생하는 몇 가지 문제점", 이화여자대학교 대학원 석사학위, 2011.

이용재, "황민화 정책을 통해 본 창씨 개명", 부산외국어대학교 대학원 석사학위, 2008, 50−52면.

이은정, "성의 변경−친자 관계를 중심으로", 「재판자료 제102집」, 가정 법원 사건의 제문제(하), 법원도서관, 2003.

이은주, "자의 복리를 위한 친양자 제도", 「민사법연구」 제21권, 대한민사법학회, 2013.

───, "친양자 제도의 개선 방향에 관한 연구−자의 복리를 중심으로", 전남대학교 대학원 박사학위, 2013.

이정식, "아동 복지법제상 아동의 권리에 관한 고찰", 「명지법학」 제6호, 명지대학교 법학연구소, 2007.

───, "아동의 권리에 관한 고찰", 「세계헌법연구」 제13권 제2호, 세계헌법학회 한국학회, 2007.

이종희, "아동의 의사 표명권과 전문가 개입에 관한 문헌 연구−부모 이혼시 양육자 지정과 관련하여", 연세대학교 대학원 석사학위, 2001.

이준복, "행정 소송 제도의 개혁 방안에 관한 법적 연구 – 헌법상, 국민 안전 보장 의무에 대한 논의를 중심으로", 「세계헌법연구」 제21권 제1호, 국제헌법학회 · 한국학회, 2015.

이준영, "미국에서의 친권 결정에 관한 연구", 「비교사법」 제16권 제1호(통권44호), 한국비교사법학회, 2009.

이준일, "어린이와 청소년의 기본권", 「공법연구」 제30집 제5호, 한국공법학회, 2002.

이현재, "자의 성과 본의 변경 심판에 있어서 자의 복리", 「가족법연구」 제22권 제2호, 2008.

이화숙, "자녀의 최선의 이익 원칙에 비추어 본 가족법상 자녀의 복리", 「사법」, 사법연구지원재단, 2009.

이해일, "친양자 입양", 「지방행정」 제56권, 대한지방행정공제회, 2007.

이희배, "호주제 폐지 · 근친혼 금지 · 친양자 제도 신설 등−2005년 개정 가족법 개관", 「경희법학」 제39권 제3호, 경희대학교 법학연구소, 2005.

임규철, "가족의 헌법상 의미에 관한 비판적 고찰", 「헌법학연구」 제9집 제1호, 한국헌법학회, 2003.

정극원, "헌법상 장애인과 아동의 기본권 보장과 그 개정 방안", 「세계헌법연구」 제16권 제3호, 세계헌법학회 한국학회, 2010.

정순원, "청소년 보호의 목적과 헌법적 근거", 「공법연구」 제35집 제3호, 한국공법학회,

2007.

정현수, "가족 관계 등록법의 문제점과 과제", 「가족법연구」 제22권 제3호 통권 제33호, 한국가족법학회, 2008.

――――, "가족 관계 등록 제도의 개선 방향에 관한 일고", 「법학연구」 제43집, 전북대학교 법학연구소, 2015.

――――, "개인별 신분 등록제에 관한 연구", 「여성연구」, 한국여성정책연구원, 2003.

――――, "호적 제도의 개선 방안에 관한 고찰", 「가족법연구」 제13호, 한국가족법학회, 1999.

조은희, "미혼모 가족의 법적 지위", 「홍익법학」 제12권 제2호, 홍익대학교 법학연구소, 2011.

차선자, "양성평등과 개인의 존엄의 시각에서 본 가족법─헌법과 가족법의 관계를 중심으로", 「아시아여성연구」 제43권 제1호, 숙명여자대학교 아시아여성연구소, 2004.

최갑선, "헌법 제36조 제1항에 의한 혼인과 가족생활의 보장", 「헌법논총」 제4집, 헌법재판소, 2003.

최성호, "변론주의와 적극적 석명권에 관한 연구", 「법학논고」 제37집, 경북대학교 법학연구원, 2011. 10.

최재원, "개인 정보 자기 결정권의 실현 구조", 고려대학교 대학원 석사학위, 2013.

허영, "헌법과 가족법", 「법률연구」 제3호, 연세대학교 법률문제연구소, 1983.

홍춘의, "현대 프랑스 친자법과 친권법의 발전과 동향", 「가족법연구」 제13호, 한국가족법학회, 1999.

황근수, "가족법 개정의 내용과 향후의 전망",

「민사법연구」 제15권 제1호, 2007.

황성기, "아동의 권리에 관한 제 문제─헌법적 관점에서의 고찰", 「아동 권리연구」 제1권 제2호, 아동 권리학회, 1997.

3. 자료

2005. 4. 22 호적과─210 "서울남부지방법원장 대 법원─행정처장 질의회답".

newspeppermint, "어머니의 이름으로: 어머니의 성을 선택하는 부모들", 2015. 9. 30.

강성준, "그래도 부성주의는 합헌"이라는 헌재의 "아버지들", 인권하루소식, 2005. 6. 5.

국가인권위원회 결정, "유엔 아동의 권리에 관한 협약 제21조의 유보 철회 및 이행에 대한 권고", 2005. 4. 11.

김상용·양혜원·안문희, "가족 관계 등록부 공시 방법 개선 방안", 「2014년도 법무부 용역 과제 업무 보고서」, 연구수행기관 중앙법학연구소, 2014.

김성숙, "호주 제도 폐지에 따른 법 제도의 정비 방안", 여성부, 2003.

김소영, "새아버지와 동거 기간 오래면 성(姓) 변경 쉽다", 법률신문, 2008. 3.

――――, "인용률 높은 성·본 변경 신청…개선점도 많다", 법률신문, 2009. 1.

"독신자 친양자 입양 불허 민법 위헌 심판 제청", 공감언론 뉴시스통신사, 2012. 1. 26.

박복순·전혜정, "2008년부터 달라지는 가족법·가족 관계 등록법 해설", 한국여성정책연구원.

법률신문 2008. 3.

법무부, "가족법 개정 특별 분과위원회의록(제1차 회의─제9차 회의)", 2013. 12.

──, "가족법 개정 특별 분과위원회의록(제1차 회의~제9차 회의)", 2003.

손상원, "성·본 변경 허가기준, 이렇습니다", 연합뉴스, 2008. 1.24.

여성가족부, "2015 통계로 보는 여성의 삶", 통계청 보도자료, 2015.

여성신문, "프랑스 가족 성씨법 개혁, 페미니스트 쾌거~어머니 성씨 대물림 법안 통과", 2005. 5. 12.

유엔인권조약감시기구의 "일반 논평 및 일반 권고~아동 권리위원회가 채택한 일반 논평", 아동 권리위원회, 2006.

한국가정법률상담소, "창립 57주년 기념 심포지엄, 양성평등 시대, 자녀의 성 결정에 부부 평등은 있는가", 2013. 11.14. 자료집.

──, "특집「자의 성과 본 변경」상담 통계 분석", 2013. 11.

──, "현행 민법상 자녀의 성 결정에 대한 국민 의식 및 개정 방향에 관한 의견 조사", 2014.

한국성씨총연합회·정통가족 제도수호범국민연합, "모 성 선택의 불법, 불합리성: 한국 여성은 왜 결혼 후에도 남편 성을 따르지 않는가", 2006. 1.

한국성씨총연합회·정통가족 제도수호범국민연합, "자녀는 아버지의 성·본을 따르는 것이 아니라, 부계 조상 전체의 성·본을 따르는 것이다: 법제처의 부 성 원칙 폐지 입법화 논란에 대해".

현소혜, "입양법제 선진화 방안",「2009년도 법무부 용역 과제 보고서」, 2009, 가사비송 재판실무편람.

4. 판례

광주가정법원 2014. 2. 6. 선고 2013느단2323 판결.

광주지방법원 2010. 2. 1. 선고 2010브1심판.

대구지방법원 가정지원 2012. 2. 1. 선고 2011느단3072 판결.

대법원 2001. 8. 21. 선고 99므2230 판결.

대법원 2009. 12. 11. 선고 2009스23 판결.

대법원 2010. 3. 3. 선고 2009스133 판결.

대법원 2016. 1. 26. 선고 2014으4 판결.

서울가정법원 2009. 1. 20. 선고 2008느단7614 판결.

서울가정법원 2009. 1. 22. 선고 2008느단6643 판결.

서울가정법원 2009. 1. 20. 선고 2008느단7201 판결.

서울가정법원 2009. 1. 20. 선고 2008느단8776 판결.

서울가정법원 2009. 1. 20. 선고 2008느단8878 판결.

서울가정법원 2009. 1. 22. 선고 2008느단5187 판결.

서울가정법원 2009. 1. 22. 선고 2008느단7093 판결.

서울가정법원 2009. 11. 30. 선고 2009느단3735 판결.

서울가정법원 2009. 5. 13. 선고 2009브35 판결.

서울가정법원 2010. 10. 1. 선고 2010느단3739 판결.

서울가정법원 2010. 4. 2. 선고 2010느단1754, 2010느단1755 판결.

서울가정법원 2011. 7. 28. 선고

2010느단11215 판결.

서울가정법원 2012. 2. 13. 선고
2011느단6449 판결.

서울가정법원 2012. 7. 24. 선고
2012느단1946 판결.

서울가정법원 2012. 9. 19. 선고
2012느단891 판결.

서울가정법원, 1986. 1. 15. 선고
86드5884 판결.

서울가정법원, 2002. 11. 19. 선고
2002드단53028 판결.

수원지방법원 2010. 10. 21. 선고
2010부16 심판.

수원지방법원 성남지원 2012. 2. 24. 선고
2011느단1411 판결.

울산지방법원 2008. 1. 28. 선고
2008느단12 판결.

의정부지방법원 2011. 11. 14. 선고
2011느단1510 판결.

인천지방법원 2009. 1. 29. 선고
2008브4 판결.

인천지방법원 2012. 6. 5. 선고
2011느단2838 판결.

헌법재판소 1990. 9. 10. 선고 89헌마82 결정.

헌법재판소 1997. 7. 6. 선고
95헌가6 내지 13(병합) 결정.

헌법재판소 2005. 12. 22. 선고
2003헌가5 · 6병합 결정.

II. 외국문헌

1. 단행본

波多野里望『兒童の權利條約: 逐條解說』(有
斐閣, 改訂版, 2005).

田中通裕『フランス法における氏について』
『新世紀へ向かう家族法』(日本加除出版株式
會社, 1998).

山田 一『國際私法』(有斐閣 2003).

法律問答編寫組編 :《民事法律問答》, 知識
出版社 1983年版.

米澤廣一『子ども家族憲法』(有斐閣, 1992).

溜池良夫『國際私法講義』(有斐閣 1999).

高橋菊江 · 折井周平『夫婦別星の招待』(有斐
閣, 1995).

Samuel M Davis & Mortmer D. Schwartz,
Children's Rights and the Law, DC
Heath and Company, (1987).

Nomos Gesetze, Zivilrecht wirtschaftsrecht,
22. Aufl, 2013.

Lowe and Douglas, Bromley's Family Law,
10th ed, (Oxford, 2007).

Kaufmännische Ausgabe, ZGB · OR, 11.
Auflage., 2014, 15.

Jonhn Eekelaar · Robert Dingwall, The
reform of child care law, Routledge
London, 1992.

G.Recht(Herausgeber), Das BGB–Bürgerliches
Gesetzbuch, 1. Aufl 2014, Stand:24.
März 2014.

Erman/Bearbeiter, II. Bd., 14. Aufl., 2014,
BGB.

Baumgärtel/Laumen/Prütting, Handbuch der Beweislast, Bürgerliches Gesetzbuch Familienrecht, Heymanns, 2011.

2. 논문

横田耕一, "青少年に對する淫行の條例にょる規制と憲法", シュリスト 853号 (1986年).

戸波江二, "丸刈リ教則と自己決定の自由", 法律時報 58卷 4號 (1986年).

戸波江二, "教則と生徒の人權", 法學セミナ 460號 (1993年).

竹澤雅二郎 "涉外戸籍事件における氏名の性質と準據法 について", 戸籍 449號 (1982. 3).

藪本知二, "子どもの権利条約の起草段階の研究—子どもの意見表明権の存在意義を中心に—", 永井憲一 編 "子どもの権利条約の研究[補訂版]", (法政大學出版局 1995).

米澤廣一, "靑少年保護條例合憲性", シュリスト [臨時增刊號] 862号 (1986年).

米沢広一, "意見表明權(12条)の検討", 自由と正義 第46卷 第1号 (1995. 1).

島野穹子, "氏の準據法と戸籍について", ジュリスト 增刊 法律學の爭點シリーズ 8号 (1980. 4).

渡邊惺之 "涉外親子關係との子の準據法 涉外親子關係と子の氏の準據法", 判例タイムズ 臨時增刊 42卷 7號 夫婦・親子215題 (1991. 3).

Richard Ashcraft(ed.), John Locke—Critical Assessments— vol. II Routldege, Rev 231-245 (1991).

Dieter Bäumel, Familienrechtsreformkommentar, Bielefeld:Gieseking, 1998.

Development in the Law—The Constitution and the Family, 93 Harvard Law Review 1156, (1980).

3. 자료

Births and Deaths registration Act 1953. s. 10, as amended by Family Law Reform Act 1969. s. 27 (1) and the children Act 1975. s. 93 (1).

4. 판례

最判 2015(平成 27年) 12月 16日, 平成 26年 (オ) 第1023号 損害賠償請求事件.

Registeration of Births, Deatha and marriges Regulations (S. I. 1968 No. 2049). art. 18 (3).

Practice Direction 1977 1 W. L. R. 1065.

Jech v. Burch 466 F. Supp. 714 (1979).

Bverfg v. 5. 3. 1991.

저자 약력

법학박사/사회교사 이기수(心智)
동국대학교 대학원 LL.D.(민사법/가족법) 졸업

경력
현) 양평전자과학고등학교/법학박사/사회교사
현) 이혼닷컴/CEO
전) 송현고등학교/법학박사/사회교사
전) 동일여자고등학교/법학박사/사회교사
전) 송탄제일고등학교/법학박사/사회교사
전) 한국장애인개발원 서울 지역/권익 옹호팀/
　　법학박사
전) 고양상공여성CEO/외래교수
전) 글로빛 논문컨설팅/논문 지도 교수
전) 울타리 스쿨/파견 전임 강사
전) 법무법인 정론/법학박사
전) 선정고등학교/법학박사/사회교사
전) 수원 매탄고등학교/파견 강사
전) 법무법인 세민/법학박사
전) 법무법인 위너스/법학박사
전) 법무법인 정진/법학박사
전) 성남서고등학교/사회교사
전) 소하고등학교/사회교사
전) 성남정보산업고등학교/사회교사
전) 국민중심당/기획 총무 간사
전) 제18대 최우영 국회의원 후보/비서
전) 제16대 박원홍 국회의원/비서

주요활동
현) 한국가족법학회 정회원
현) 한국민사법학회 정회원
현) 한국부동산법학회 정회원
현) 유럽헌법학회 정회원
전) 서초초등학교 학교폭력위원회 위원
전) 서초초등학교 참사랑회 회원
전) 서울시교육청 학부모진로코치지원단 위원
전) 서초초등학교 참사랑회 부회장
전) 서초초등학교 학습지원 명예 교사

저서 및 논문
"자의 성·본 변경에 대한 판단 기준" (동국대학교
　　비교법연구원, 2001, 6, 3)
"성씨 제도의 개선을 위한 법적 연구" (논문)
"고등학교 사회 교과서의 통일 교육에 관한 연
　　구—제7차 교육 과정 중심으로" (논문)
"전자 상거래법에 관한 연구" (논문)
"성씨 변경에 대한 양성평등의 판단 기준" (논문)

여자의 성은 뭐지?

초판 1쇄 발행   2018년 6월 20일

지은이 이기수

펴낸이 김경옥
펴낸곳 ㈜아롬주니어
마케팅 서정원
디자인,제작 디자인원(031.941.0991)

출판등록번호 제406-2017-000124호
주 소 경기도 파주시 문발로 405, 204호
　　　　　서울특별시 마포구 월드컵북로 162-4 1층(편집부)
전 화 031.932.6777(본사) 02.326.4200(편집부)
팩 스 02.336.6738
이메일 aromju@hanmail.net

ISBN   979-11-962237-4-8 93360

가 격 15,000원

이 도서의 국립중앙도서관 출판시도서목록(CIP)은 서지정보유통지원시스템 홈페이지(http://seoji.nl.go.kr)와
국가자료공동목록시스템(http://www.nl.go.kr/kolisnet)에서 이용하실 수 있습니다.(CIP제어번호 : CIP2018018129)